人間関係を良くするカウンセリング

心理、福祉、教育、看護、保育のために

武田 建 著

誠信書房

はじめに

この本はカウンセリングについて関心をもちはじめた方々や今カウンセリングの勉強をしている方々に「カウンセリングはどんなものか」「カウンセリングはどう進めていくのか」を、出来るだけやさしく、しかしある程度詳しくお示しすることを目指して書いたものです。もちろん、すでにカウンセリングについて大学をはじめさまざまな機関で学ばれて、臨床の第一線で活躍しておられる方には、復習の意味でお役にたてるのではないかと思います。

この本では、「カウンセラー」を臨床心理士や社会福祉士といった、臨床心理や社会福祉の専門教育を受け、資格をとった方々だけに限定しているわけではありません。病院で働く看護師やリハビリテーションに従事するＯＴやＰＴといったコ・メディカルのスタッフ、介護にたずさわるケア・マネジャーやケア・ワーカー、子どもや生徒、学生に接する保育所、幼稚園、学校の先生、「命の電話」や「子ども会の指導」をはじめさまざまなボランティア活動をおこなっている方々、また最近注目されてきたコーチングを導入しようとする企業や組織のリーダーのことも念頭において書いたものです。

この本はカウンセリングをどのように進め、どんなところに注意を払えばよいかということを、主なテーマとして書いたつもりです。カウンセリングには、援助方法ないし技法という側面と、それを支える人間についての理論（パーソナリティの理論）の二つがあります。この本では、後者について述べるスペースがありませんが、S・フロイトの精神分析学とC・R・ロジャーズの自己理論がこの本の面接方法の背後にあることを、読者はご理解いただきたいと思います。

筆者のなかには、行動心理学をもとにした行動療法の流れも入っています。私はミシガン州立大学の大学院でカウンセリング心理学を専攻しました。その在学中と、同大学で博士の学位を与えられて帰国してから再び留学し、二回にわたって、それぞれ一年ずつデトロイト市内にあったメリルパーマー研究所の外来クリニックで、臨床心理のインターンとして訓練を受けました。そのときの経験が私に大きな影響を与えました。同クリニックの所長だったエイロン・ラトリッジ先生は、精神分析の背景の強い方でしたが、私たちインターンには、きわめて折衷的な教育と訓練をさずけてくださいました。その一部をご紹介しますと、私たちインターンには、三人の立場を異にする先生（スーパーバイザー）がついてくださり、毎週それぞれの先生のところで六十分ずつ、二回の個人指導を受けました。博士の学位を取る前のインターンでは、精神分析的な心理療法の先生、来談者中心療法の先生（わが国にもその著書が訳されているC・ムスターカス先生）、そして論理療法の先生といった具合でした。そして、二度目のインターンのときには行動療法の先生がスーパーバイザーの一人になりました。こうした教育と臨床訓練をとおして、私のカウンセリングへのアプローチは行動療法を含む折衷的な立場をとるようになったわけです。さらに、行動療法の一方の旗頭であるジョゼフ・ウォルピ先生のクリニックで一夏インターンをしたり、ミシガン大学のE・エドウィン・トーマス先生のところでフルブライト招聘研究員として勉強する機会があったことは、私に大きな影響を与えたと思います。残念ながら、この本では、行動アプローチについて全く触れることが出来ませんでしたが、近い将来ぜひ取り上げられたらと願っています。

最初の留学から帰国した私は、北米で受けた臨床訓練をできるだけわが国で生かそうと努力してきたつもりです。勤め先の関西学院大学のカウンセリングルームと大阪逓信病院の神経科が主たる臨床の場でした。多くの患者さんやクライエントに接し、同僚とカウンセリングについて語り合い、大学生諸君に教えたり教えられたりしながら、これまで教員生活と臨床生活をつづけてまいりました。

一昨年、長年勤めてきた関西学院大学から大阪の柏原市にある関西福祉科学大学に移り、毎週、臨床心理と社会福祉を専攻する大学院生諸君に、カウンセリングと社会福祉の援助技術の講義をしたり、ディスカッションをするようになりました。そうした日々の生活のなかから生まれてきたのがこの本なのです。

書くにあたっては、わかりやすく、読みやすく、具体的に、ある程度の深さをもつ内容をと欲張ったつもりです。内容的には、第1章で傾聴という最も基本的なことを取り上げました。第2章では、カウンセラーのもつ特質とどうやってカウンセリング関係を築くかということを書きました。第3章では、相談にいらっしゃるクライエントの気持ちを取り上げてみました。そして、第4章では、クライエントとの出会いから面接の終了まで順を追って説明したつもりです。第5章では，カウンセラーが言葉を媒介にしてクライエントの相談にのって援助をおこなうなかで，そのときに重要な「感情の反射」にまつわる問題を中心に取り上げました。しかし，私たちのコミュニケーションの仕方では，言葉と同じくらい「言葉によらない（非言語的）コミュニケーション」が大切です。したがって，第6章では，非言語的なコミュニケーションを取り上げてみました。第7章では，すでに述べてきた技法のなかから，カウンセラーがやや積極的にかかわる技法として「質問」「直面化」「解釈」「情報の提供」といったアプローチの仕方を考えてみました。最後の第8章では面接の記録について事例を中心に記述しました。

この本がカウンセリングを勉強したいと思っておられる方々のお役にたつことを心から願っています。

二〇〇四年五月吉日

武　田　建

目次

人間関係を良くするカウンセリング

――心理・福祉・教育・看護・保育のために

臨床心理、社会福祉、教育、教護、看護、保育などの領域で、対人援助の活動をしようとすると、その対象は個人、家族、集団、地域、病院や学校を含む各種機関や制度などさまざまです。でも、ほとんどの場合、誰か人と出会い、話し合わなくてはなりません。つまり、対人援助の活動をしようとすれば、必ずと言っていいほど、人と交わり、人間関係を築き上げることから始めなくてはならないのです。それは、面接という形をとる場合もあるでしょうし、もっと違った対人接触の仕方になるときもあります。

この本では、個人との面接に焦点を当て、その方法と過程をご説明したいと思います。

第1章 「真剣に聴く」ことの大切さ——聴いてもらうことのありがたさ

1 心の重荷を軽くする

私のところへ若いお母さんが尋ねてきました。この女性が幼いときに、母親は彼女を置いて家出をし、行方不明になってしまったのです。その後は、父親ひとりに育てられたのですが、当時を振り返って、「自分ひとりで大きくなったようなものです」と、とても厳しい顔をして訴えました。実のところ、父親は子どもは全くほったらかしで、兄とその妹であるこの女性は、毎日ごく僅かのお金しか与えてもらえませんでした。しかも、その半分以上は、兄に取り上げられてしまったのです。満足な食事は学校の給食だけで、夕食はインスタント・ラーメンを食べる毎日だったそうです。

小学校の上級生になってもオネショが続いていて、そのことで父親に叱られました。そして、罰として何度となく性的な交渉を強要されたというのです。そうしたときに、彼女は自分はお母さんの代わりなんだと自らに言い聞かせていたそうです。中学生のときに近所のおじさんに、小遣いをもらって性的な交渉を持つようになりました。今でいう援助交際のようなものだったのでしょう。お金が欲しいという気持ちと、誰か自分のことを大事にしてくれる人、自分を求めてくれる人が欲しいという一心だったと当時を振り返り、堰《せき》を切ったように、泣きながら一気に話しました。

こうした悩みは誰にでも話せるものではありません。自分の秘密を守り、一生懸命に聞いてくれる人でなければ心を開くことはできないことです。でも、「この人だったら話しても大丈夫」と思える人に出会い、そしてなんの心配もなく話すことができたときに、とても大きな心の支えが得られるのです。

昔の苦しかった経験を、カウンセラーに話せるようになるのは、カウンセラーと援助を求めてきた人（クライエントと呼びます）との間に相互的な信頼にもとづく人間関係ができ上がってからのことです。そして、カウンセラーとの人間関係（カウンセリング関係とか援助関係とも言います）のなかで、これまでに経験してきた苦しみ、悲しみ、辛さ、怒り、絶望、敵意、恐怖、喜び、幸せといった気持ちを話すことにより、昔味わった気持ちを、あるいは今の自分のプライベートな生活のなかで味わっている気持ちを、カウンセラーとの間で再現しているのです。

そうすることによって、昔の辛かった人間関係をもう一度経験しなおして、心の栄養物とも言うべき愛情、温かさ、許し、支え、厳しさといったものを補っているのです。過去に起こってしまったことは、今さらどうすることもできません。でも、カウンセラーとの間に結ばれた、新しいそして健全な援助関係のなかで昔を再現し、「もう一度昔を経験しなおす」ということを試みているのではないでしょうか。

2　悩み、痛み、苦しみを話せることは素晴らしい経験

誰かに自分の悩みを話して、それを一生懸命に聴いてもらえるということは、とても大きな救いです。世間ではカウンセラーがおこなう面接のことを「ただ聞いているだけじゃないか」と言う人がいます。でも援助を求めてきたクライエントにとって、自分の心のなかにしまいこんでいる悩みや苦しみを、自分が信頼できる人に聴いてもらえるということは、「聞いてもらうだけ」なんていうちっぽけなものではありません。それは実に大きな心の支えなのです。読者はこれまでの人生で、誰かに自分の話を一生懸命に、そして真剣に聴いてもらったことがありますか。また、誰かの話を一心不乱にお聴きになったことがあるでしょうか。

相手の話に一生懸命に耳を傾けることを、カウンセリングでは傾聴と呼んでいます。でも、私たちの日常生活では、相手の話を十分に聞きもしないで、自分の意見を相手に押しつけていることがよくあります。こうしたやり方を、英語で talking　to interview と呼んでいます。これに対して、一生懸命に聴くことを listening to interview と呼んでいます。talking to というのは、相手に自分の意見

を言うことです。私たちは相手の考え方や行動、あるいは気持ちを変えようとして、つい「○○君の考え方は間違っている」「こうすべきだ」と自分の考え方を押しつけがちです。ところが、カウンセリングの考え方はその逆で、listening to つまり相手の話を一生懸命に聴くという発想にたっています。

「なんだ、聞くだけか」と読者はお考えになるかと思います。でも、一生懸命に聴いてもらえるということは、話す人にとってはとても大きな心理的な支えになるのです。そして、「わかってもらえた」という気持ちをもてることは実に大きな励ましになるのではないでしょうか。

聴くだけでもそんな「すごい」ことが起こるのかと、多くの読者は疑問を抱かれるにちがいありません。でも、一生懸命に耳を傾けるということは、ただ漫然と相手の話を聞いているのではありません。全身全霊を傾けて一心不乱に聴くというきわめて積極的な働きかけなのです。こんなに集中して自分の話を聴いてくれるカウンセラーに出会うことは、とりもなおさず自分がカウンセラーに一人の人間として認めてもらい、尊重されるという経験になるのです。

こうしたカウンセラーの態度に接するときに、クライエントは「自分は受け入れられている」という気持ちを経験することができるのです。人はこうした状態におかれ、安心して相手と対話できるときに、自分が話していること、あるいは話したことを、かなり客観的に見つめることができるようになるものです。それは、話した内容だけではなく、自分自身を客観的に見つめることが可能になるからです。私たちの問題の多くは、自分自身を第三者の立場から冷静に見つめることができないために起こるようです。

もちろん、傾聴は万能ではありません。聴いてもらうだけでは、常にすべてを解決できるわけではないでしょう。でも、一生懸命に聴いてもらうことが、大きな心の支えになりますし、それがカウンセリングの出発点なのです。

3　カウンセラーは北風でなく太陽のように

カウンセラーの「一生懸命に聴く」という態度は、北風と太陽が、冬の寒さのなかを歩いている旅人のオーバーを脱がそうとした話に似ています。北風のやり方は相手の悪いところ、間違っている考えを直そうとして、がんがんお説教をするようなアプローチです。

もちろん、それでオーバーを吹き飛ばすことが可能なときもあるでしょう。でも、たいていの場合、旅人は北風に吹き飛ばされまいと、両手でオーバーを押さえつけてしまいます。私たちは相手に自分の欠点や間違いを指摘されたときに、相手の意見を受け入れることもありますが、たいてい自分を守ろうとして心を閉ざしがちです。

相手の話を一生懸命に聴くということは、相手を決して非難したり攻撃しないということです。それは太陽が暖かい日差しをそそぐのとよく似ているのではないでしょうか。カウンセラーのこうした態度に接するときに、はじめは警戒して心を閉ざしていた人も、やがてオーバーを脱ぎ、セーターを脱ぐように、自分のまわりに築いていた心の壁を取り払うようになってきます。これが「安心した」

とか「気が楽になった」という状態だと思います。

もちろん、最初からこうした「心を開く」状態になることは難しいことです。でも、一生懸命に聴いてもらい、別れるときに「よかったら、またいらしてください」「お待ちしてます」と声を掛けられ、二度、三度とカウンセラーのところへ通う間に、次第にもっと大きな支えと励ましを経験するようになるのです。

1　カウンセリングは特別な人間関係です

カウンセラーも人間です。いつでも、誰にでも、カウンセリングの効果をあげることはできないこともあるでしょう。

相手を受け入れるということを最も大切にするカウンセリング面接を、スポーツを例にとって説明するのはあまり適切ではないかもしれません。でも、カウンセラーとクライエントの関係は、野球のピッチャーとキャッチャーの関係に似ているところがあるように思えるのです。プロ野球のコーチに聞いた話ですが、どんなにいいピッチャーでも、すべてのキャッチャーと常に良いコンビを組むことは難しいそうです。チームに何人かいるキャッチャーのなかの、特定の選手とバッテリーを組んだときのほうが、より良い投球ができるようです。

カウンセリング面接に百発百中ということはありえないでしょう。もちろん、カウンセラーはすべての人を助けたいと思って努力します。でも、人間には相性というか、なんとなくうまく人間関係が結べる人と、どんなに努力してもうまく人間関係を築けない人もいます。そうかといって諦めてしまうことは良くないことだと思います。

しかし、「自分は万能だ、すべての人をうまく助けることができる」と慢心することは、もっといけないことではないでしょうか。カウンセラーはあくまでも謙虚でありたいものです。

カウンセラーのおこなうことは、傾聴だけではありません。相手をあるがままに受け入れる「受容」、相手の気持ちを感じとる「共感」、感じとった相手の気持ちを言葉に出して言う「感情の反射」といったさまざまな働きかけがあります。

そうした接し方をするときに、カウンセラーの持ち味が出てくるのは当然だと思います。そして、技法についても得意と不得意があるに違いありません。もちろん、カウンセラーの性格というか人間性もさまざまです。また、カウンセラーのところへ尋ねてくる人にも、カウンセラーが訪れる人にも、その人独特の個性があります。

カウンセリング関係は、カウンセラーとクライエントという二人の当事者の人柄や性格が組み合わさってでき上がっているのです。もちろん、多くの情報や知識をクライエントに伝えたり、ほかの機関に紹介するとか、必要ならば、社会福祉機関のように具体的なサービスを提供するところへ援助を申請するのを手伝う場合だってあるかもしれません。そうした場合にも、カウンセリングの枠組みのなかでおこなうことが大切です。

第2章　カウンセリングの特質

1　カウンセリングは特別な人間関係です

カウンセリングは人と人との交わりですから、夫婦、親子、上司と部下、友達同士といった一般の人間関係と同じような面もありますが、いくつかの点でそれとは違う特別な人間関係です。

まず、たいていの場合、面接はそれをおこなう場所と時間が限定されています。普通、その回数は一週間か二週間に一回、長さは三十分から五十分間ぐらいです。もちろん、もっと短い、あるいはもっと長い場合もあるでしょう。いずれにしろ、面接というのは、家族の間、友達の間、職場のなかでの交わりに比べると、非常に短時間の接触です。

また、一回あたりの面接がいつ始まりいつ終わるかがはっきりしていることも特徴の一つです。短い時間であれば、私たちはベストを尽くすことができますし、相手の話す言葉に一生懸命に耳を傾けることが比較的容易だと思います。

もちろん、カウンセラーは決して自分を偽って、見せかけの温かさや思いやり、あるいは注目関心を示しているわけではありません。ただ、短い時間ですと、自分のなかにある一番良い部分、つまり人間としての最も良い面を相手に差しだすことができると思います。

また、日常生活での交わりの場ならば、相手と自分以外の人たちもいるでしょうし、誰からも見られない聞かれないというプライバシーの確保も難しいことが多いと思います。その点、カウンセリングでは、場所や時間が限定されているという恵まれた環境でクライエントに会うことができるという利点があります。

さらに、カウンセラーが面接室という限定された場所と時間のなかで面接をおこなっているかぎり、相談にくるクライエントは、カウンセラーの個人的な生活について知ることはできません。つまり、カウンセラーは相手に対して、自分の個人生活をある程度不明瞭にしておくことができるわけです。

心理テストのなかに「ロールシャッハ法」という人間の性格をはかる方法があります。簡単に説明すると、一枚の紙を二つに折って、その折り目にインクを少し落とします。そして、一度紙を閉じてからもう一度開くと、紙の上に左右対称のインクのシミができています。それを被験者に見せて、何に見えるかを尋ねるのです。もともとインクのシミですから、特定の絵でもなんでもありません。テストを受ける人が、勝手に何に見えるかを言っているだけです。

ただ、この心理テストの理論的な背景には、被験者は自分の心の深いところにある、自分でも気がついていない「もの」を、インクのシミという不明瞭な形の上に投映していると考えているのです。つまり、映画のフィルムをスクリーンの上に映しているように、自分の性格をインクのシミが何に見えるかということで投映していると考えるのです。クライエントのカウンセラーに対する気持ちについても、同じようなことが起こる可能性があるのではないでしょうか。

2 相手に対して個人的感情を抱くとき

ロールシャッハ法と同じように、カウンセリングでも、クライエントは自分の心のなかにあるものを、カウンセラーの上に投映するときもあると考えられます。言葉を代えれば、相談にきたクライエント自身は気づいていなくても、心の奥底ではカウンセラーを、父親や母親のように感じるとか、あるいは配偶者や恋人に対するような気持ちを抱くことがあります。

こうした現象を「転移」と呼んでいます。こんな状態が、ときにはカウンセリングの効果をあげるうえで、大切な役割を果たすこともあるのです。ですから、カウンセラーが自分の個人的な生活を相談にくるクライエントにあまり詳しく知られていると、カウンセラーの存在があまりにも現実性があるために、自分の心のなかにあるものを投映しにくくなることがあります。したがって、自分の家族や親しい友達をカウンセリングするのは難しいと考えられています。

学校のなかのことを例にとってみましょう。生徒は先生が授業中に怒ったり、失敗をしたり、ときにはどこに住み、どんな家庭生活をしているかを知っていることが少なくありません。これと同じようなことはカウンセラーにもありうると思います。しかし、そんな場合でも、担任の先生が生徒をカウンセリングすることができるように、知り合いのクライエントを面接することは可能です。しかし、カウンセラーとしての個人の不明瞭性は失われます。ですから、こんな場合にはカウンセリングといっても、ある程度、日常生活での交わりに近いかたちのものにならざるをえなくなるという点に注意しなくてはなりません。

また、生徒が自分の心のなかで、先生への「あこがれ」とか「憎しみ」といったものを経験すると、先生はカウンセラーのような不明瞭性がありませんから、その気持ちは現実性を持つものとなりがちです。こうしたことが、学校のなかでのカウンセリングでは起こるわけです。これと同じようなことが、カウンセリング面接でも起こりうる可能性があることを覚えておきたいものです。

「転移」という現象はカウンセラーにとって、その扱いが難しいものです。うまく扱うことができれば、援助関係の非常に強い一面になる可能性がありますが、ひとつ間違うと周囲の誤解を招いたり、相談にくるクライエントを傷つけたりします。

ですから、クライエントがプラスでもマイナスでも、カウンセラーに個人的な感情を抱いているということがわかっても、それをむやみに取り上げずに、カウンセラーは頭の片隅で「今、転移のような状態が起こっているな」ということを理解しておくだけで、そうした現象を特別に取り上げないでおくことが一番安全な取り扱い方だと思います。なお、ここでいうプラスとは好意とか甘えといった感じのもので、マイナスとは怒りとか敵意といったものを指しています。

「転移」というのは、クライエントがカウンセラーに対して、自分にとって大切な人である親とか兄弟あるいは配偶者に対するような個人的な感情を抱くことです。これに対して、カウンセラーがクライエントに個人的な感情をいだくことを「逆転移」と呼んでいます。カウンセラーも人間ですから、クライエントに接しているときに、自分の子どものときのことを思い出して同情するとか、肩入れしたり、腹をたてたりといったこともあるでしょう。そうした現象がこれにあたります。

カウンセラーがクライエントを援助しようと一生懸命になるのは当然です。ただ、それが度を過ぎると、個人的な感情に流される恐れがあります。これが「逆転移」に近い状態ではないでしょうか。

ですから、カウンセラーは自分自身を正直に見つめ、自分のクライエントに対する気持ちを率直に理解しておくことが必要です。自分がクライエントに「肩入れ」をしているとか「嫌がっている」という気持ちに気づいていることが、逆転移をさらに進めることへの大きな歯止めになると思います。逆転移は望ましい状態ではありませんが、カウンセラーが一生懸命に援助しようとするときに、ある程度こうした気持ちになることは決して不自然ではありません。

ですから、自分の心のなかを率直に見つめておくことが、大切な安全弁としての働きをしてくれるのです。また、自分を指導してくれる経験のある先輩のカウンセラーやスーパーバイザーに、自分の気持ちやクライエントとの人間関係のなかで起こっていることを率直に話して聞いてもらうことが、カウンセラーの心配を解消してくれることが多いことを覚えておきたいものです。

3　援助関係の要素

カウンセラーと援助を求めてやってくるクライエントとの間の人間関係のことを、一般的に援助関係とかカウンセリング関係と呼んでいます。この関係の特徴は、カウンセラーの受容、共感、温かさ、純粋さあるいは率直さだろうと思います。

A　受容

カウンセラーの最も大きな条件は、相談にきた人をあるがままに受け入れるということです。これは「罪を憎んで、人を憎まず」という考え方によく似ています。「あなたのやったこと、やっていることに、私は必ずしも賛成ではありませんが、あなたを人間として尊重します」という態度です。でもこれは、口で言うのは簡単ですが、実際にすべてのクライエントにこうした態度で絶えず接することは、非常に難しいことです。

カウンセラーであれば、相談にくるクライエントを常に助けようとし、一生懸命に耳を傾け、なんとかして役に立ちたいと思い、相手をおもんばかるに違いありません。でもカウンセラーも人間です。個人の「好き嫌い」もあれば、自分流の善悪の判断や価値観も持っています。頭では受け入れなくてはならないと思っていても、自分の心のなかに「嫌だ」という気持ちがわいてきたり、「それは良くない」という非難が頭を持ち上げてくることだってあるでしょう。

こうしたときには、自分のなかにある相手に対する否定的な気持ちを打ち消さないで、それを正直に認めることから出発したいものです。自分の気持ちを無理に抑えようとすると、自分自身に「嘘をつく」ことになり、かえって悪い結果になってしまうことがあります。カウンセラーは自分で気がつかないうちに、自分の心のなかにある否定的な気持ちを相手に伝えてしまう危険性があることに注意しましょう。

多くのカウンセラーは「貯蓄、勤勉、清潔、整頓、学習」といった価値観や習慣を幼い頃から教えられ、大切にしていると思います。そんなカウンセラーの前に、生活保護で手にしたお金をすぐに酒やギャンブルに使ってしまい、真面目に働かず、不潔な恰好をし、ふしだらな生活をしている人が尋ねてきた場合、そんな人を心から尊重することは難しいかもしれません。

そんなときには、自分のなかにある非難とか嫌悪といった否定的な気持ちに目をつむるよりも、「自分はこの人を嫌がっている」ということを正直に認めることが、まず出発点になるのではないでしょうか。さもないと、自分のなかに「いらいら」とか「不快感」といったものが頭を持ち上げてきて、やがてそうした気持ちに自分がほんろうされてしまいます。

もちろん、このことは相手を尊重しようという努力をあきらめることではありません。尊重しよう、受け入れようと努力をしても、なお自分のなかに否定的な気持ちが起こってくることを認め、そのうえでさらに努力するということなのです。相談にきた人に対して不快感を感ずることは、カウンセラーとして望ましいことではありませんが、不自然であるとか、恥ずかしいことではないのです。誰でも好き嫌いはあります。完璧なカウンセラーなんかいないと思います。偏見のない人間、先入観をもっていない人間なんかいないでしょう。

自分の偏見を克服する第一歩は、「自分のなかにある偏見」に気づくことです。同じように、カウンセラーは自分の限界や失敗を正直に認めることが大切です。自分のなかにある欠点や限界を認めることは、勇気がいることです。でも、カウンセラーになるためには、相手を見るだけでなく、自分自身をしっかりと見つめていきたいものです。

B　共　感

良いカウンセラーのもう一つの条件は、相手の立場に立って、クライエントが見たり、聞いたり、考えたり、感じたりしているように、カウンセラーも見たり、聞いたり、考えたり、感じたりすることだと思います。相手の立場に立てることがカウンセラーの大切な条件の一つです。

相談にきたクライエントの立場に立つということは、相手のしたことや話したことに賛成したり肯定するわけではありません。でも、なぜその人がそういう気持ちになったのか、なぜそういうことを言ったのか、なぜそういうことをしたのかを、その人の立場に立って見つめよう、考えようとすることなのです。多くの人にとって、自分の立場をわかってくれ、自分の立場になって考えてくれる人は滅多にいません。ですから、自分の立場をわかってくれる人が現われれば、「この人は私のことを理解してくれる」「この人は私の心の重荷を一緒に担ってくれる」と感じることができるのではないでしょうか。クライエントにそうした気持ちをもってもらうことは、カウンセリング面接を進めていくうえで非常に大切なことです。

相談にきたクライエントに、カウンセラーのことを「この人ならば私の気持ちをわかってくれる」と思ってもらうためには、まず相手の話すことを一生懸命に聴くことです。同時に相手がどんな気持ちを味わっているのかを敏感に感じとり、その気持ちを言葉に出して「それは辛かったでしょうね」「それは嬉しかったでしょう」と言うことによって、「あなたの気持ちはわかりました」ということを伝えることです。相手の気持ちを敏感に感じとり、「わかりました」と伝えるのは言葉だけではありません。カウンセラーの顔の表情、ジェスチャー、姿勢といった非言語的な方法でも伝えましょう。「あなたの言っていることはよくわかりました」「あなたの気持ちは○○なのですね」ということを、言葉と言葉でない方法の両方で伝えたいものです。言語と非言語的な伝達方法の両方が別々ではなく、両方が常に一致していることが望ましいと思います。なぜかというと、言葉で言っても、顔の表情がその言葉と同じ気持ちや意味を表現していなければ、相手は心からカウンセラーに「わかってもらえた」とは思わないでしょう。

C　温かさ

良いカウンセラーの第三の条件は、温かい人であるということです。これまで述べてきた、「相談にきた人を、あるがままに受け入れて尊重する」という態度は、この温かさの表現だろうと思います。もちろん、相手に対する関心や思いやりといったものも含まれているでしょう。また、温かい人というのは、相手を押さえつけたり、自分の利益のために相手を利用したりするようなことはないでしょう。

カウンセラーが最も望んでいることは、クライエントの成長であり、クライエントが自分の問題を自らの力で解決できるようになることです。それは家族との交わり方かもしれません。あるいは、今まで動かなかった手や足を動かしてみよう、何かを自分の意志でやってみようという気持ちになることかもしれません。カウンセラーが助けようとするクライエントの問題は実にさまざまです。

温かさはクライエントにとっては心の栄養物のようなものであり、カウンセラーの温かさに触れることにより、クライエントは「よし、やってみよう」という意欲をもつようになるのです。子どもが成長していくのを見ると、親から温かさをはじめ注目、関心、賞賛、世話といったものをたくさんもらいながら育っていくことに気がつきます。これと同じようなことがカウンセリングでもおこなわれるのではないでしょうか。

もちろん、面接を主な役割にしているカウンセラーならば、介護あるいは看護を専門にする人たちに比べれば、クライエントの身体的な世話をすることは少ないかもしれません。でも、心理的あるいは社会的な世話をすることはたくさんありますし、一生懸命に耳を傾けたり、気持ちを汲むといった形で、実に多くの関心を払っています。こうしたカウンセラーの努力が相談にくるクライエントへの心理的な支えとなり、また心の栄養になって、クライエントの成長を助けることができると思います。

親にカウンセラーのような態度で子どもに接することは要求できません。カウンセラーがクライエントに面接する時間は、たかだか一週間か二週間に一回、それも三十分から五十分ぐらいの間です。これに対して親が子どもに接するのは、毎日のことですし、ことによると、朝起きたときから夜寝るまでです。ですから、親はカウンセラーのような形で子どもに接することは不可能です。また、カウンセラーは親が子どもに接するように、クライエントに接することはできません。仮にできたとしても、それは必ずしも望ましいことではないでしょう。

ただ、親は子どもに腹をたてたり、叱ったり、無視したりすることも少なくありません。でも、子どもを愛する親は、どんなに子どもに対して怒ったとしても、しばらくすると冷静になり、また子どもを可愛がるのが普通です。児童相談所、生活援護機関、病院などでのカウンセラーは、クライエントを尊重しますが、普通は親がするような形で日常的な世話をすることはありませんし、可愛がることは望ましいことではないでしょう。しかし、カウンセラーも親が子どもに対して抱く愛情、温かさ、やさしさに近い態度や気持ちでクライエントに接しているのではないでしょうか。温かさは言葉だけではなく、多くの場合、態度、顔の表情、姿勢あるいはジェスチャーといった非言語的な方法で相手に伝わることが多いのです。

私は大学で教えながら、ずいぶん長い間、大きな総合病院の神経科で患者さんの面接を担当してきました。予約の時間がくると、待合室まで自分の担当の方を迎えに行くことにしていました。大きな病院では、待合室の患者さんを受付の看護師さんがマイクで「○○さん、××先生の診察室にいらしてください」と呼び出しています。神経科でも同じような方法を使っていました。でも、患者さんはマイクで呼ばれるよりも担当者が迎えにきてくれるほうが、より丁寧に扱ってもらっていると思うに違いありません。

ですから、待合室の外から患者さんのほうを見て、目が合ったらにっこり笑って、「○○さん、お待たせしました」と言うほうが、少しでも温かみが伝わると思うのです。そして、患者さんと面接室まで一緒に歩きながら「この一週間はいかがでしたか」と話しかけ、ドアを開いて患者さんを先に部屋のなかに入ってもらい、小さな椅子ですがちょっと引いて「どうぞお座りください」という気持ちを動作で伝えていました。こうしたさりげない動きのなかに、クライエントに温かさや尊重の気持ちを伝えることができると思うのです。

共感と温かさは密接に結びついていますが、必ずしも同じものではありません。相手の気持ちが「わかった」ということをきわめて冷たく言うことだってできるでしょう。

共感を伝えるために、一生懸命に耳を傾けて、相手の気持ちを読みとり、「○○さんの気持ちは××なんでしょうね」と言ったり、クライエントが嬉しいことを話せばカウンセラーも笑顔で対応し、クライエントが辛いことを話せば悲しい表情になります。こうしたことを通して、共感を示すことができるようになると思います。それと同じように、温かさも努力すれば、少しずつ相手に伝えることが可能になっていくでしょう。

たとえば、鏡に向かって「お疲れさま」「大変でしたね」「それは良かったですね」と言ってみましょう。そのときに、言葉にふさわしい顔になっているかを確かめてみましょう。その言葉をテープに録音して、自分の話し方を聞いてみましょう。仮に「お疲れさま」といった言葉が録音されているならば、その言葉に思いやりや温かさがこもっているかを検討してみましょう。

こうしたかたちの努力と練習は、カウンセリング面接の上達のうえで不可欠だと思います。私は臨床心理や社会福祉を専攻する学生諸君に、よく授業の一部として模擬面接（ロールプレイ）をしてもらいます。このときに、何をどう言うかも大切ですが、どんな表情で言うかも、観察の対象にして取り上げています。温かさを伝えるのも、同じような方法で訓練することができるのではないでしょうか。

D　純粋さ

温かさは良い援助関係をつくるのに必要不可欠なものですが、それはあくまで純粋なものでなくてはなりません。純粋を説明するために、まずその反対のことから考えてみましょう。自分の利益のために相手を利用するとか、自分の好きな人や都合のいい人には親切にしても、そうでない人には親切にしないというのは純粋な親切ではありません。クライエントは、カウンセラーがどんな具合に自分に接してくれるかにとても敏感です。表面だけの温かさや見せかけの親切は、はじめのうちは通用しても、やがて見破られてしまいます。

純粋ということは、相手だけではなく、自分自身を偽らないことでもあるのです。すでに何度も書いたように、カウンセラーであっても、欠点もあれば弱点もあります。また、偏見や先入観をもっています。こうした醜い自分を正直に見つめることができなくてはなりません。

私たちは自分が一生懸命にやっているのに、相手が失敗したり、やると言って約束したことを実行しなかったりしたら腹がたちます。これはきわめて自然な反応です。ところがカウンセラーになると、「腹をたてる」ということが原則的には許されない場合が多いのです。面接中に自らの怒りを無理に抑えなくてはならないような場面に遭遇します。面接をしているクライエントにカウンセラーは怒りをぶつけることは原則的には許されないからです。こんなときには、自分のなかにある自らの怒りを率直に認めることが、純粋であることにつながるのではないでしょうか。

また、すでに説明したように、純粋とは話している言葉と顔の表情、言葉の調子、あるいは自分の気持ちが一致しているときの状態を指すのです。こうしたことも、鏡を見ながら練習したり、ロールプレイのなかでやってみることにより、次第に身についてくるものです。

面接中にカウンセラーがクライエントに感じていることを言葉に出して言う場合があるかもしれません。でも、そうしたときには、相手の気持ちを「おもんばかる」といった思いやりや配慮が欲しいものです。純粋であることは大切なことですし、素晴らしいことです。でも、人を助けようとするカウンセラーの場合、自分の率直な気持ちを表現するときでも、相手の気持ちや立場を十分に考慮し、相手を傷つけないような気配りが必要です。

クライエントが自分に対して「腹をたてている」とカウンセラーが感じたときに、それを指摘したほうがいいと思っても、「○○さんは怒っていますね」と言うよりも、「○○さんは怒っていらっしゃるように見えるのですが」と言ったほうが断定的でないし、またやわらかく聞こえます。

カウンセリングで一番大切なことは、カウンセラーとクライエントとの間の援助関係だといわれています。しかし、その援助関係を作り出すためには、ここで取り上げた受容、共感、温かさ、純粋さといった人間的な特質ないし要素と、あとで説明するカウンセリングのさまざまな技法とが混じりあってでき上がってくるものなのです。

4　援助関係の側面

A　独自性と共通性

ある特定のカウンセラーと特定のクライエントとの間に結ばれる人間関係、つまり援助関係は、他のカウンセラーとクライエントの間にも生まれてくる人間関係と共通な要素をもってはいますが、同時にその二人の間だけにしかない独特の交わりだと言えるでしょう。カウンセラーの態度、容姿、話し方、雰囲気、背景といったものはその人にしかないものですし、同じことはクライエントにも言えることです。したがって、援助関係は特定の二人の間だけに結ばれる独自のものであると同時に、どんな援助関係にも共通な要素をもっていると言えるでしょう。

カウンセリングの援助関係は、親子、夫婦、友人、といった日常生活での交わりとは少し違います。一般の交わりは、かなり自然発生的なものです。これに対して、援助関係は自然発生的な面もありますが、ある問題を解決しようとして準備され計画されている面がかなりあると思います。たとえば、この章で何度も取り上げたように、カウンセラーはクライエントをあるがままに受け入れようとします。つまり、受容するときに、条件をつけないという心の広さをもとうとし、それを相手に伝えようとします。また、カウンセラーはクライエントから聞いた内容を他人に話してはなりません。カウンセラーはクライエントの「秘密を守る」という守秘義務をもっているからです。ですから、相談にきた人は普通ならばなかなか他人に話さないようなことでも、カウンセラーには話すのです。こうした人間関係もカウンセリングに特有のものだと言えるでしょう。

しかし、それはあくまで人間関係ですからカウンセリングだけではなく、一般の人間関係にも同じようなところがあるでしょうし、また日常の交わりに応用することができる点もあるに違いありません。

B　主観性と客観性

カウンセラーは相談にくるクライエントや自分が訪問するクライエントの心の悩みや家族や同僚といったさまざまな人との人間関係を含む心理的あるいは社会的な問題を取り上げる専門家です。多くの知識にもとづいてクライエントとその人の問題を理解し、クライエントが問題を解決しようとするのを助けようとします。こうした面をみると、科学的な分析であり探索的な要素をもっています。こうした客観的なアプローチをするときには、相手と少し距離をおいて、遠くから見つめて分析するといった、やや冷たい面があるでしょう。

カウンセラーは自分の判断を相手に押しつけないように、そして相手の状態を十分に理解し、どう対応すればいいかを考え、計画をたて、それにそって一歩一歩援助を進めてゆかなくてはなりません。ただ、こうした面だけを強調すると、カウンセラーの働きかけが非常に冷たいものになってしまいます。ですから、カウンセラーはある程度クライエントに心理的に近づき、自分の温かさ、やさしさ、思いやり、心配、相手の立場にたつといった気持ちを示すという主観的な面を出すことが大切なのではないでしょうか。

この主観的な面は、カウンセラーがクライエントの話を一生懸命に聞きながら、相手の気持ちをある程度自分のものとして感じるといったものです。しかし、それはあくまでカウンセラー自身の個人的な経験だけではなく、もっと広い知識にもとづきながら、相手の気持ちにふれ、またさまざまな状況を理解するといったものだろうと思います。

カウンセラーがクライエントと同じ経験をもっていることは、相手の状態を理解するだけでなく、相手の気持ちを感じとるうえで都合がいいだろうと思います。しかし、まったく同じような経験はしていなくても、相手の味わっている状態に少しでも似ている自分の経験を思い出すことにより、ある程度共感的になれると思います。たとえば、妻を亡くしてとても悲しんでいるクライエントの気持ちを理解しようとするときに、そうした経験のないカウンセラーは、自分の親を亡くしたときのことを思い出すことによって、相手の悲しみを理解する助けにすることができるでしょう。こうしてカウンセラーは、クライエントの気持ちをより鋭敏に感じることができるように、自分の心のなかでさまざまな努力をしているのです。

しかし、カウンセラーがあまりにも相手の気持ちに接近しすぎて、その人の心のなかに土足で上がってしまうようなことがあっては大変です。ですから、カウンセラーはそうした状態に自分がなりそうになったら、そのことを率直かつ敏感に認める必要があるでしょう。そんな場合には、そっと相手と心理的な距離をとるようにすることが大切です。心理的な距離をとることが客観性を与えてくれるからです。

たとえば、それまではクライエントの話した言葉の背後にある気持ちに焦点を合わせて、その気持ちを汲み、それを言葉にして投げ返していたのに、相手の話していることをそのまま「オウム返し」にする内容の反射といった方法を使うのもいいでしょう。また、クライエントに「どうお考えですか」「どうすればいいと思われますか」といった質問をして、考えてもらうのも一つの方法です。

別の表現をすれば、客観性は知的なアプローチと言えると思います。知的ということは、相談にきた人の状態を把握し、どんな状態なのかを判断し、ときとして、その結果を相手に伝えることを意味しています。一方、主観性は情緒的と言ってもいいでしょう。カウンセラーはこの知的な理解と情緒的なかかわりの両方をバランスよく保ちながら、クライエントに接していくわけです。

昔から、カウンセリングや社会福祉におけるケースワークは、「サイエンス（科学）であり、またアート（芸術または技法）である」と言われてきました。サイエンスの面としては、心理学、社会福祉学、社会学、経済学、教育学、看護学、精神病理学などさまざまな領域について勉強することにより、可能なかぎりサイエンスに近づこうとする面があると思います。

専門のカウンセラーとして人間をより良く理解するためには、そうしたさまざまな領域について学ぶことが必要です。そして、クライエントとその人が置かれている状態について、十分な理解にもとづいて、どうすれば一番有効に援助をすることができるかという見通しをたて、それを実行し、その結果がどうなったかを評価できる力をもつことが大切です。こうした面がサイエンスとしての側面だと思います。

それと同時に、科学とは違ったその人のもつセンスというか感覚的な面もあります。カウンセリング、とくに援助関係を築き、面接を進めていくためには、客観化できない面があることも認めなくてはならないでしょう。カウンセラーがクライエントについて直感的に何かを感じるのがこれにあたります。この部分がアート的だと思うのです。カウンセラーの人間的な要素とか質といった面もアートに近い部分だと思います。

クライエントにどう接するかという点について、マニュアル化することができる部分もあるでしょう。でも、カウンセラーの人柄とか持ち味といったものが大きな役割を演ずることも少なくありません。

グループワークでは、パーティーをするときに、誰と誰が一緒のテーブルに座ってもらえば共通の背景や話題があるので話がはずむのではないかと考えたり、また実際にメンバーが集まったときには、どんな話題を提供すれば雰囲気が盛り上がるかといったことを配慮しないと、良いプログラムになりません。こうした気配りが、さまざまな領域でのカウンセリングに必要だと思うのです。こうしたことは、サイエンスというよりもアート的な面ではないでしょうか。

たとえば、カウンセラーとしての私は、クライエントと話すときに、その人が使う言葉よりも少し丁寧な言葉を使います。そのほうがクライエントに「カウンセラーに尊重されている」という気持ちになってもらえると思うからです。でも、あまりにも丁寧すぎるとかえって相手を緊張させてしまいます。

前述のように、予約の時間がきたら、私は待合室に自分が担当しているクライエントを呼びに行くようにしてきました。そして、面接室へ招き入れ、それから相手の顔を見て「どうぞお話しください」という気持ちを伝えるために、にっこり笑みを浮かべたり、頭を軽くさげたりします。もし、初めての人ならば、「お待たせしました。どんなご用件でしょうか、どんなご事情でしょうか」と尋ねるようにしています。こんなときに「どんな問題ですか」と尋ねると、相談にいらした方を頭から問題視しているような印象を与えかねないと思うからです。こうした一連の行動や話し方はアート的といってもいいのでしょう。

C　自己決定の尊重とカウンセラーの責任

カウンセラーがクライエントと援助関係を結ぶということは、カウンセラーの側でも援助の結果について、ある程度の責任をもつということです。つまり、カウンセリングというのはカウンセラーとクライエントの共同作業のようなものなのです。もちろん、原則的には、カウンセラーがクライエントに「ああしてください、こうしてください」と命令することはあまりありません。相談にきた人がカウンセラーと十分に話し合って、自らの判断と意志で自分の取るべき方向を選択し、決定することを大切にしていきます。

ただ、カウンセラーはクライエントの選択と決定を尊重はしますが、やはり人間関係と人間の心理的社会的な問題のエキスパートとして、一種の指導的な役割を担っていることも否定できないと思います。

また、カウンセラーが意識しているかどうかに関係なく、クライエントにとってカウンセラーは、広い意味での愛情、あこがれ、怒り、不平といったさまざまな気持ちをぶつける対象になることが少なくありません。クライエントはカウンセラーという全く新しい人との出会いを経験して、面接室という新しい場で、過去に損なわれた人間関係や得られなかった経験を、現在という時点で体験しなおしているわけです。

第3章 クライエントの心のなか

1 人間関係では、相手に与えたものが自分に返ってきます

日常生活をよく見てみましょう。私たちは子ども、生徒、部下といった人たちが悪いことや誤ったことをしたときには、「こんなことをしては、駄目じゃないか」とすぐに叱ります。そして相手がこちらの「叱責」を怖がったり、ちぢみあがったり、緊張すると、叱った効果があったと思い、満足しています。でも、極度の緊張にさいなまれた人たちは、心のなかで自責の念や後悔を感じているでしょうが、それ以上に、親、先生、上司に対して、怒りや反感を感じているに違いありません。

人の心というのは非常に複雑で、自分でもわからないところ、気がつかないところでさまざまな感情が動いているのです。でも、表面的な心の動きをみるかぎり、相手に親切、感謝、敬意、愛情、好

意といったプラスの感情をさし出せば、相手からもプラスの感情がもどってくることが多いようです。これと同じように、相手に敵意、怒り、憎しみ、不親切といったマイナスの感情を出せば、相手からもマイナスの感情がもどってきます。しかも、プラスに対してプラスが返ってくる確率よりも、マイナスに対してマイナスが返ってくる確率のほうが高いのです。

たとえば、親が子どもを怒鳴れば、子どもはむくれます。先生が生徒を叱りつければ、生徒は反抗するか、反抗しないまでも学校をさぼったり、わざと遅刻したり、いろいろな形で怒りをぶつけてきます。

マイナスの感情というものは、表面的にはっきりした形で現れることもありますが、ときには何を言われても何も言わずに、ただじっと黙っているといった形をとることもあります。これはずいぶん受け身的に見えますが、結構攻撃的な態度だと思います。こうした壁を破るには、カウンセラーは北風ではなく、太陽のようになる以外には、心を開いてもらう方法は少ないようです。これまで述べてきた、傾聴とか受容といった態度で、辛抱強く接することが一番いいでしょう。

2　自分のことをどう思っているか

クライエントのなかには、自分で自分の問題を解決することができずにカウンセラーのところへ援助を求めてくることを恥ずかしいことだと思っている人もいることを覚えておきたいものです。

私たちは幼いときから、両親をはじめ家族や仲間あるいは先生が自分に対してどんな態度をとったか、自分をどう扱ったかという経験を通して、「自分はどんな人間か」という一種の自己概念のようなものを持ち始めます。つまり、自分で自分のことをどう思うのかという考えが作り上げられていくのです。自己概念は周囲の人たちとどんな具合に交わったか、どう扱われたかという人間関係を通して築かれるものですが、スポーツや音楽に秀でているとか勉強や仕事が良くできるといった能力ともおおいに結びついています。

何かを上手にすることができれば、それ自体が喜びであり、また自信につながるからです。ただ、何かに優れていれば、まわりの人たちも一目おいてくれますし、賞賛や注目の的になりますから、やはり他者との関係と結びついていると言えるでしょう。

また、他者の反応だけではなく、それを私たちがどう受け取るかということが、自己概念の形成におおいに関係しているのではないでしょうか。もし、自分に対して非常に高い水準を要求している人ならば、相当良い成績をあげ、周囲の人に誉められても、あまり満足したり自信をもったりすることはないでしょう。それどころか、自分は駄目だと思うに違いありません。

セリグマンというアメリカの心理学者は、人間をペシミスト（悲観主義者）とオプティミスト（楽観主義者）に分けて、次のように説明しています。

ペシミストと彼が呼んでいる人の特徴は、自分にとって悪い状況がちょっと続くと、自分は何をやってもうまくいかないと思い、それは自分が悪いからだと考えてしまうというのです。

一方、オプティミストと彼が呼んでいる人たちは、同じように悪い状況が続いても、悪い状況は一時的なものだし、それを引き起こしている原因はその場かぎりのものだと考えるというのです。つまり、オプティミストは、失敗や悪い結果は自分のせいではなく、そのときの条件とか、運が悪かったとか、自分以外の人たちが引き起こしたものだと考えるわけです。したがって、こうした人たちは失敗にめげることなく、努力をしつづけるというのです。

セリグマンの考え方は、自己概念とは違いますが、少なからず共通した面があるように思います。カウンセリングを通して、自分自身に否定的な考えをもっている人を、もっと肯定的な考えをもつように変えることもカウンセラーの大切な役目だと言えるでしょう。

3 ひとり立ちの条件

長い間シカゴ大学で社会福祉学を教えていたシャーロット・トールという先生は、人間が成長し、自立していけるようになるためには、幼い頃から、親あるいは親に代わる人から十分な世話をしてもらい、愛情を与えられ、自分の力で何かをやれるという経験を積み重ねることが大切だと言っています。

人間の赤ちゃんは生まれてくるまで、ずいぶん長い間、母親の胎内に入っています。胎内にいるときには、へその緒を通して栄養が与えられていますし、お母さんのお腹のなかというのは胎児にとっては、暑くもなく寒くもなく、とても快適な温度に保たれています。つまり「冷暖房完備食事付き」といった状態です。

でも、いったん生まれてくると、この世の風は決して温かいものではありません。約二百八十日間もお母さんの胎内にいたのに、人間の赤ちゃんは「オギャー、オギャー」と泣くだけで、何ひとつできません。馬の赤ちゃんが生まれて間もなく自分の力で立って歩き始めるのに比べると、全く無力で情けない状態です。

しかも、人間の赤ちゃんにとって、この頃はとても不安な状態ではないでしょうか。読者も想像してみてください。自分で自分のことが全くできない状態というのは、私たちにとってはとても情けない、そして絶えず恐怖にさいなまれるような経験ではないでしょうか。

生まれたての赤ちゃんは、自分でミルクを飲むことも、食べ物を探しにいくこともできません。「おしっこ」をしてオシメが濡れてびしゃびしゃになり、冷たくなっても、気持ちが悪くても、自分ではどうすることもできないのです。赤ちゃんはまだ言葉を話すことができませんから、「お母さん」を呼べません。ただ、泣き声をあげながら、じっと母親がきてくれるのを待っているだけです。船が沈んで救命ボートに乗って漂流している遭難者と同じような心境でしょう。

これは私たち大人が、自分を赤ちゃんの立場に置いて、赤ちゃんはどんな気持ちだろうかと想像しているにすぎません。でも、生まれたばかりの幼い子どもの心の状態というものは、決して安心し安定したものとは言えないと思います。

もちろん、赤ちゃんが成長の過程で、喉の乾きも、空腹も、不快感も全く経験しないで育っていくということはありえないでしょう。それどころか、ある程度の不快感は現実を知るために、忍耐力を身につけるために、また危険を予知するために、必要な条件だろうと思います。しかし、あまりにもそれが強すぎたり、長期間続くならば、不安や恐怖をはじめさまざまな心の傷を経験することになるでしょう。

幼い子どもにとって親から世話をしてもらうことは、そのまま愛情をそそいでもらっていることに通じます。愛情というのはさまざまな形で親から子どもへ伝えられます。子どものことを心配する、子どものことを可愛いと思う、子どもがいることを幸せだと感じる、といったことが愛情に結びつくのです。もちろん、子どもの世話をすることも愛情の現れでしょう。

心のなかで子どものことを想うことはとても大切なことです。そして、実際に世話をすることは子どもの生存と成長にとって不可欠です。そして、それと同じくらいに、親が子どもに微笑みかける、頭を撫でる、身体に触る、抱き上げる、抱きしめる、名前を呼ぶ、話しかける、子どもと一緒になって喜ぶ、悲しむ、心配することもとても大切なことです。

4　自分でやって自信をつける

子どもにとって幼い頃に、親から十分に世話をしてもらうという経験が、とても大切だということは何度も述べてきました。そして、この世話と愛情は子どもが成長してからも必要な経験です。しかし、子どもが少し大きくなると、親にすべてをやってもらい、与えてもらっているだけでは満足できず、自分で何かをしようとし始めます。幼い頃は、親に世話をしてもらうことは不可欠ですが、同時に親に頼ってばかりいることは、もし親がいなかったらどうなるだろうかという不安を生み出すのではないでしょうか。

ですから、その不安を振り払うかのように、赤ちゃんが少し大きくなると、自分でガラガラを握ったり、自分で立とう、歩こうとするようになります。自分で何かをやってみて、それを上手くやれるようになったときには、なんとも言えない嬉しさを味わえるものです。それが、大きな自信につながります。

誰かに頼りっきりという状態は大きな不安を生み出します。学生諸君が卒業が近づいて就職活動をするときに、これまでは「お役所ならば安全」とか「大企業ならば大丈夫」といった安全志向で就職先を選んできました。でも、大丈夫と言われていた大きな企業だって倒産することがあります。自分がこれまで一生働こうと思っていた会社がなくなってしまうということは、勤めている人にとっては実に大きな不安です。そんなときに、何か特技とか資格を持ち、「自分はこれで食べていける」という人ならば安心していられます。

幼い子どもにとっては遊びがとても大切です。ボールを投げることができるようになったときの喜び、鉄棒で逆上がりができるようになったときの嬉しさ、絵が上手に描けたときの満足感などを考えていただければ、その重要さは容易に理解できるでしょう。幼い子どもにとっては、立っては転び、転んでは立つことを覚えることは大きなスリルです。高いところに手を伸ばして何かを取ることができるようになるのも、大きな喜びであるに違いありません。ですから、親や親代わりの人は、危険と大きな物質的な損失をともなわない範囲で、子どもがなにか新しいことに挑戦するのを、そばでじっと見守っていきたいものです。

言葉の習得は、親が子どもに話しかけるのを子どもが聞いて、その真似をすることから始まることが多いようです。その過程を見ていると、はじめのうち子どもは何度も何度も意味がないような声を出しています。そのなかから、親が正しい言葉に近い声を繰り返して言ったり、誉めたりしている間に、次第に言葉を言えるようになっていきます。

もし、子どもが何かを言う前に、親が先手を打つかのようにそれを言ってしまえば、子どもが言葉を話す機会を奪ってしまいます。子どもは少しくらい失敗してもいいのです。子どものペースは遅いかもしれません。親は子どもが不完全な言葉で話す相手になり、不完全ですが、何かを試みるのを辛抱しながら見守ることが大切です。

私が関係していた児童相談所に四歳になる男の子のお母さんが、「子どもの言葉の発達が遅い」と保健所でおこなわれた三歳児健診で言われて、相談にきました。心理学者が子どもと遊びながら観察し、心理テストをした結果、知的な能力は決して劣っているわけではなく、言葉の遅れは母子関係が希薄なのと、お母さんの子どもへの接し方のまずさのためではないかと考えられました。そこで、児童相談所のプレイルームでお母さんに自分の子どもと遊んでもらい、お母さんの子どもへの接し方をよく観察してみました。その結果、このお母さんは子どもが何かを欲しいと言う前に、それを察して欲しがっているものを渡していました。また、子どもが何かを言おうとする前に、お母さんが先に言ってしまうので、子どもは言葉を言う必要がありませんでした。

このお母さんにかぎりません。多くの母親がこのお母さんと同じように、子どもが何かをしようとすると、「危ない、危ない」と言って、新しいことにチャレンジする機会を奪っていないでしょうか。

幼い子どもは高いところへ登るのが大好きです。この年頃の子どもにとって、階段は素晴らしい遊び場であり、新しいことを試す場所です。でも、お母さんにすれば子どもが階段から落ちたら大変です。一番安全でてっとり早いのは、お母さんが子どもを小脇にかかえて階段を登ってしまうことです。これならば、落ちる心配もないし、さっさと上にあがることができます。でも、それでは、子どもが自分の力で階段を登ることを試す機会を失ってしまいます。

こんなときには、少し面倒でも、子どもが這って階段を上がるのを、お母さんはすぐ後からついて行ってはどうでしょうか。もしも落ちそうになったら、すぐに下から支えることができますし、首尾よく子どもが上に着いたら、「万歳」と言って、子どもの成功を一緒に喜ぶことができます。こうして、子どもは自分の力で新しいことに挑戦し、それを達成した喜びを味わうことができるのです。こんな小さな成功が積み重なって、子どもの自信ができあがるのです。

両親がどんなに一生懸命に子どもを育てても、親の子どもへの接し方には欠点もあれば、足らないところもあります。子どもを育てるときに、親がすべてをやってしまえば、子どもは依存的になってしまいます。かといって、親があまりにもほったらかしにしてしまうと、十分な愛情が与えられません。このバランスは本当に難しいことです。これとよく似た問題は、親子の間だけではなく、兄弟姉妹、友人仲間、職場など、さまざまな人間関係のなかでも起こることです。ですから、クライエントはさまざまな問題と理由でカウンセラーの助けを必要とするのです。

5 独立と依存の間

カウンセラーがクライエントに接するときに注意しなくてはならない点を、先述のトールは、次のように指摘しています。

人の心は、生まれたときから常に独立と依存の間を行ったり来たりしているものです。その典型的な姿がティーンエイジャーです。この年頃はもうすぐ大人になって、独立しなくてはならない時期が近づいています。でも、大人になるということは、自分のことは自分でやるという大きな責任をもつことですから大変です。

ですから、いつまでも子どもでいたい、親に依存していたいという気持ちが心のなかでうごめいています。しかし、いつまでも親に依存していることは、独立できないという不安をよび起こします。多くのクライエントにとって、カウンセラーのところに行くことは、自分の問題を自分で解決することができない「しるし」のようなものであり、子どもの頃に親に依存していた状態に逆戻りするような気がするものです。恥ずかしいし不安でもあるという一種の自己嫌悪に似た気持ちを経験するに違いありません。一方、社会福祉機関などから援助してもらうことに馴れてくると、カウンセラーとその施設から援助をしてもらっているほうが、自分で働いて収入を得たり、自分の力で問題を解決するよりも楽ですから、いつまでもカウンセラーの援助に頼っていたいという依存心も強くなります。

人間の心というのは実に不思議なものです。依存したいという気持ちがかなえられると、それに感謝をしているにもかかわらず、カウンセラーが自分を依存的にしてしまったとでも言っているかのように、カウンセラーに突っかかってきたり、悪口を言ったり、敵意とか攻撃性といったさまざまな否定的な気持ちをぶつけてきます。

これは、ちょうど子どもが母親に対して、いつまでも自分を子どもとして甘やかしてくれることを望んでいながら、もう一方では自分を子ども扱いにしていると怒る心理状態によく似ています。クライエントにかぎりません。私たちの心のなかには、甘えたいけれども甘えたくない、好きだけれども嫌い、行きたいけれども行きたくない、見たいけれども見たくないと、一つのことに相反する二つの感情が絶えず共存しているようです。こうした状態をアンビバレンツと呼んでいます。

第4章　面接の始めから終わりまで

1　面接前の不安

初対面のクライエントに会う前に、カウンセラーが大なり小なり不安を感じるのは当然のことだと思います。私はこの歳になった今でも、初めてのクライエントに会う前に、「このクライエントと良い援助関係を結ぶことができるだろうか」「最初の面接の途中でクライエントが帰ってしまうのではないだろうか」「最初の面接は無事終わっても、次の面接にクライエントはやってこないのではないだろうか」という不安を感じるのです。

面接はクライエントとカウンセラーの二人だけの世界です。カウンセラーは受容と共感という温かな雰囲気を作り出し、クライエントが自分の意志で自分の生活のあり方を選択し、自分の歩む方向を決定するのを助けようと努力はしますが、それが相手に通じなければ、うちとけた気持ちになることは難しいでしょう。

仮に、そうした人間関係を一度は築くことができても、それが今後もずっと続くかどうかはわかりません。たとえば、今はとっても親しい友人の間でも、何かのきっかけで友情に亀裂が入ってしまうこともあるでしょう。愛し合い結婚した夫婦の間ですら、離婚することもあります。これと同じように、クライエントとカウンセラーの間にも気持ちのいき違いが起こったり、誤解が生じたり、お互いの心に傷をつける危険性だってあるのです。

経験を積んだカウンセラーならば、面接についてある程度の自信はあるでしょう。私のようにいつも不安を抱くことはないかもしれません。でも、あまり自信が強すぎて、それが過信になっては大変です。人と出会い、良い人間関係を築き、さらに援助をするということは、決してやさしいことではないのです。私が自分の心のなかに生まれてくる不安について書くのは、読者、とくにこれからカウンセラーになる方々に、初めての面接の前に感じる不安、焦り、緊張といったものは、悪いことでも不思議なことでもないということをわかっていただきたいからです。最初のうちは誰でもこうした不安を経験するということを読者にお伝えしたいのです。

2　初めての出会い

カウンセラーがクライエントに会う場所は、たいていの場合は面接室です。しかし、患者さんを病室に訪問することもありますし、お年寄りの介護に自宅を訪問することだってあるでしょう。また、クライエントに施設の内外で偶然に出会うこともあります。

クライエントを待合室に迎えに行ったときに、クライエントが非常に心配そうにしている、一緒にきた家族と口論している、無理に連れてこられたことに腹を立てるといった場面に出会うことも少なくありません。クライエントがカウンセラーのところへやってくるのは、必ずしも自分の意志で訪れてきたわけではないのです。また、自分の意志でカウンセラーのところへやってきたクライエントであっても、いざカウンセラーに会うときになって、「面接を受けたい、だけど、受けたくない」といった相反する気持ちを同時に経験していることもあるでしょう。これは前に説明したアンビバレンツの状態です。

クライエントに初めての面接をするときには、クライエントがカウンセラーに会うことを嫌がっていれば、面接はそれだけ難しくなります。少なくとも、カウンセラーにとっては重荷になるでしょう。大人のクライエントならば、心のなかで抵抗があっても、表面的にはなんとかそれを抑えるかもしれません。しかし、子どもやティーンエイジャーの場合には、カウンセラーのところへ連れてこられたことに対する怒りや不満をそのままぶつけてくることもあります。

もちろん、大人だって、自分の心のなかにある気持ちを、そのままカウンセラーにぶつけてくる人も少なくありません。私も待合室にクライエントを迎えに行って、その場で怒りや不満をぶつけられた経験があります。カウンセラーだって大勢の人がいる場所で、いきなり怒鳴られたり、文句を言われたり、泣かれたら、どう対応したらいいか困ります。それに、その場に居合わせる大勢の人たちの視線を意識するのは当然です。自分一人でクライエントと面接室で話し合っているときでも結構緊張するものです。それを、相手の感情の爆発にどう対応するかを、大勢の「観客」から見物されていたら、ベテランのカウンセラーでも冷静には対応しにくいでしょう。

幼い子どもに挨拶するときは、子どもの目線の高さまで自分の身体を低くかがめてにっこりするのもいいでしょう。もし、泣きだしてしまったときには、そばに立つか椅子に座るかして、子どもの感情の嵐が過ぎ去るのを待つのが公式的な対応です。でも、ティーンエイジャーや大人の場合は、そうするわけにもいきません。カウンセラーが「ここは待合室ですから、私の部屋に行ってお話をお聞きしましょう」といってクライエントの気持ちを尊重しながら面接室に行くのをうながすべきか、それとも子どもの場合と同じように、クライエントの感情の嵐が鎮まるまでその場で待つのか、そのほかの対応の仕方をとるのか、その選択は難しいところです。

満員の待合室でクライエントの怒りの言葉に耳を傾けることはとても難しいことです。でも、カウンセラーはクライエントの気持ちを尊重し、一生懸命に耳を傾ける人であることをわかってもらう絶好の機会だと思えば、ほんの少しですが気持ちが落ちつくかもしれません。

ずいぶん昔の話ですが、私が病院の待合室でクライエントの感情の爆発に耳を傾けようとしていました。その場にたまたま居合わせた一人の患者さんが、後で自分の担当の医師に「あのカウンセラーは患者の言い分に耳を傾けてくれる」と言って、自分の意志で私に面接を求めてきてくれたことがあります。こうした経験を何度かしていると、それがちょっとした自信のようなものになって、待合室で患者の感情の嵐に対処するときに、少しは冷静になれると思うのです。そうなれば、クライエントの感情の爆発にも、「あなたの怒っている気持ちはわかります」と、言葉であるいは態度で伝えることが少しばかりできるようになるのではないでしょうか。また、クライエントの怒りがある程度おさまるまで、黙ってクライエントの怒りの言葉に耳を傾けることが、少しは容易になると思います。

待合室であれ面接室であれ、クライエントの感情の爆発に出会ったときには、すぐにそれを抑えようとするのではなく、それを見守るという態度が非常に大切です。無理にそれを抑えようとして、叱ったり、非難したりすればするほど、相手の怒りや不満の炎は舞い上がってしまいます。

カウンセラーだって人間です、腹がたつこともあれば、嫌悪、怒り、不安、いらだちといった感情を経験するのは当然です。場合によっては、クライエントがどれだけカウンセラーを苦しい目に合わせているかを率直に伝える以外に対処の方法がない場合もあるかもしれません。しかし、最初の面接が始まる前に、あるいは始まったばかりのときに、カウンセラーの気持ちをクライエントに伝えても、良い結果を生むとは思えません。こんなときに、自分が随分腹をたて、怒りを経験しているということを、自分自身に対して隠さず、正直に認めることです。

いくら受容的な態度が大切であるといっても、受容しきれないクライエントの行動や態度もあります。そんなときには、受け入れることができない自分を率直に認めるほうが、「受容しきれない自分」を否定するよりも健全な態度だろうと思うのです。

3　まず、自己紹介から

普通、初めて誰かに出会ったときは、「こんにちは、私はどこの誰それです」という自己紹介から対人関係が始まります。カウンセリングでも同じことです。

自分はどんな仕事を担当しているのか、自分の名前を相手に伝えましょう。こうした自己紹介をしながら、カウンセラーはクライエントを受け入れようとしている気持ちと温かさを少しでも伝えたいものです。それは顔の表情、相手を見るときの眼差し、話し方、声の調子などから伝わるものです。また、クライエントの名前がわかっているときには、「○○さん、初めまして。生活保護担当の××です」と相手の名前をできるだけ呼びたいものです。自己紹介もちゃんとしない、クライエントの顔も見ない、頭も下げないといったカウンセラーでは困ります。

自分の意志でカウンセラーを訪れた人ならば、「どうぞ」とクライエントが話すのをうながすだけで十分な場合もあるでしょう。また、「どんなご用件でしょうか」と尋ねるのもいいかもしれません。ただ、「どんな問題ですか」という質問は、私はあまり好ましくないと思います。クライエントが相談しようと思っていることを、はじめから問題視しているような印象を与えかねないからです。

誰かに無理に連れてこられたクライエントならば、「ここにいらっしゃることに、ずいぶん抵抗があったでしょうね」といった意味の言葉で、カウンセラーがクライエントの気持ちを察していることを伝えるのも、ひとつの接し方です。

初対面のときに大切なことは、クライエントを心から歓迎するという気持ちが、相手に伝わることです。そのためには、言葉も重要ですが、ドアの開け方、部屋に招き入れるしぐさ、椅子を引き「どうぞお掛けください」といった気持ちを、できるだけ非言語的な方法でも示しましょう。

面接についての入門書は、面接が始まったらクライエントの話に耳を傾けることを強調しています。そして、寄り道をしないで、クライエントの問題にできるだけ早く入っていくようにと書いてあります。その通りだと思います。

でも、ときには「暑いですね」「よく降りますね」といった天気の話とか「ここの場所がすぐにおわかりになりましたか」といったやや世間話的な言葉や質問をはさむことが、緊張をほぐすのに役立つこともあります。

面接の進め方には決まった形というものはありません。できるかぎりクライエントが自分から話すのを尊重するという態度でのぞむことが大切です。私が面接したクライエントのなかには、自分から尋ねてきたのに、いざ面接室に入ると黙ってしまって、あまり話さない人がいました。それでも次の面接には時間通りにやってきたのです。そして、第三回の面接になって、堰をきったように自分のことを話しはじめました。このクライエントは、自分の問題を話すまでに長いウオーミングアップが必要だったのでしょう。あるいは、カウンセラーを信頼するまでに、こうした長い沈黙が必要だったのかもしれません。

沈黙を尊重する、つまり黙っているクライエントをじっと見守り、待つということは、言うのは簡単ですが、実行するのは非常に難しいことです。

「この人は一体どうしたのだろう」「私を嫌がっているのではないだろうか」「精神疾患にかかっているのかもしれない」「私の面接の仕方が悪いのではないか」と次から次に不安や疑問が湧いてきます。初心者のカウンセラーにとって、「自分を信じる」ことは、そう簡単なことではありません。

4　クライエントに信頼してもらう

クライエントがカウンセラーを信頼できるようになることを、「ラポール」とか「ラポート」といいます。

クライエントに信頼してもらうために、面接は「カウンセラーがクライエントと一緒に歩く」という感じで進めていきたいものです。つまり、カウンセラーがクライエントを引っ張っていくのではなく、クライエントのペースに合わせて進めていくように心がけましょう。

最初の面接では、クライエントが話すことに耳を傾けることが最も大切です。それと同時に、できるだけクライエントの置かれている状態、それまでのできごと、クライエントは自分がなぜそういう状況になったと思っているか、クライエントが自分の状態をどう思っているか、そのことについてどう考えているか、どんな気持ちでいるかを理解することができれば最高です。仮にそうしたことがわからなくても、クライエントとカウンセラーの間に人間的な触れ合いが始まり、お互いの間に少しでも信頼が芽生え、人間関係を築けるというきざしが見えれば大成功でしょう。クライエントが「このカウンセラーならば、自分が置かれている状況を話すことができそうだ」という気持ちをもってもらえることが大切です。

援助のための面接は生活援護機関をはじめ児童、介護、保健、看護など、さまざまな領域の機関でおこなわれます。したがって、それぞれの領域で特有の働きかけがあるに違いありません。たとえば、寝たきり老人を訪問する介護者ならば「○○さん、お早うございます。今日は手の動きはどうですか」「腰の痛みはどうですか」「食欲はありますか」とクライエントの身体の状態について尋ねるのもいいでしょう。そうした言葉のなかに、相手に対する思いやりと温かさが出ていれば素晴らしいと思います。

5 主訴

たいていのクライエントは初めての面接で、自分がどんな理由でカウンセラーを訪ねてきたかを話してくれます。そのことを主訴と呼んでいます。ただ、これはあくまでクライエントが最初に説明する理由です。しかし、面接が進むにつれて、クライエントはカウンセラーのところを訪れた本当の理由や解決したい問題を話しだすことが少なくありません。あるいは、クライエントが話さなくても、本当の理由がカウンセラーにわかってきます。

これはクライエントが嘘をついていたとか、隠していたというわけではありません。多くの場合、最初のうち表面に出てこなかった相談の理由は、クライエント自身も気づいていなかったことなのです。また、仮にクライエントが気づいていたとしても、初めての面接では、カウンセラーにそれを話そうという気持ちになっていなかったのかもしれません。あるいは、初対面のカウンセラーを信頼しても大丈夫なのか、こんなことを話してもかまわないのかという疑問があったかもしれません。

いずれにしろ、クライエントの「本当の訴え」というか「相談したいこと」「援助してほしいこと」というものは、時間が経てばある程度はっきりしてくるものです。しかし、主訴はクライエントが最初にカウンセラーに話すことですから、それはそれで大切なこととして、カウンセラーは一生懸命に耳を傾けたいものです。

そして、話を聴きながら、うなずくのもいいでしょう。クライエントの話す内容とその背後で相手がどんな気持ちを味わっているかを言葉に出して言ってみましょう。このことを「感情の反射」と呼んでいます。こうした働きかけにより、クライエントが話す内容や心のなかで感じているものが、次第に深まっていくのです。もちろん、はじめのうちはクライエントの気持ちを見つけたり感じとったりするのに随分努力をしなくてはならないでしょう。しかし、経験を積むことにより、少しずつ「自然に」やれるようになってきます。

6　申請を受け付けるとき

具体的な援助の申請を受け付けるときならば、カウンセラーが自己紹介をした後、「どんなご用件でしょうか」と尋ねて、クライエントになぜ援助が必要なのかを説明してもらいましょう。つまり、クライエントはどんな状態におかれ、どんなことで困り、また不自由を感じているかを話してもらうことから面接が始まります。援助を申し出るクライエントは、それが当然の権利であっても、心のなかでは「助けてもらわなくてはならない」「自分一人の力ではやっていけない」といった「ひけめ」や「不安」を味わっているに違いありません。そうした、クライエントの気持ちを察しながら面接を進めることが大切です。

カウンセラーはクライエントがどんなことで困っているかに十分耳を傾けたいものです。ここでも傾聴と相手を尊重するという態度が大切です。ときには、申請のためにクライエントの身体や環境などの状態を質問しなくてはならないこともあるでしょう。そうしたときにも、クライエントの気持ちを傷つけないように、絶えず気をくばることが必要です。

クライエントのなかには、援助を受けることを「恥ずかしい」とか「情けない」と感じていて、そうした気持ちを自分の心のなかで打ち消そうとするかのように、カウンセラーに対して横柄な態度に出たり、怒りをぶつけてくる人もいます。こうした人を面接することはずいぶん大変なものです。しかし、クライエントがなぜそういう態度をとるのかを理解できれば、そうした態度も比較的受け入れやすくなるのではないでしょうか。

クライエントが援助を受ける条件を満たしていたとしても、クライエントは援助がもらえるようになるまでは、本当に申請が受け付けてもらえるのか不安を感じていたり、援助がきまっても「なんだ、これだけか」「もっと助けてくれたらいいのに」という不平を感じていることを、カウンセラーは絶えず頭のなかに入れておかなくてはなりません。もし、クライエントが求めている援助が与えられないときには、クライエントの失望に十二分に配慮するとともに、怒り、うらみ、悲しみといった気持ちを十分に受け入れることが必要です。

申請の結果を伝えるときには、カウンセラーが一方的に話すのではなく、「このことについてはどう思われますか」と常にクライエントの気持ちをくみながら、尋ねながら、面接を進めていきましょう。

クライエントのなかには、カウンセラーに自分のことを話すことに強い抵抗を感じている人も少なくないと思います。したがって、カウンセラーよりもクライエントのほうがはるかにたくさん話している状態が面接を進めるうえでの理想ですが、実際にはカウンセラーのほうがかなり話さなくてはならない場合もあるでしょう。しかし、そんなときでも、面接をする側は「自分よりもクライエントにより多く話してもらわなくてはいけない」という気持ちをもち続けたいものです。

クライエントを訪問するカウンセラーのなかには、「私が今日お邪魔した理由はおわかりのことだと思います」と言う人がいます。しかし、カウンセラーが「クライエントならば当然わかっているだろう」と思うことでも、クライエントにはわからないことが多いのです。それにクライエントは、カウンセラーに「なぜ来たのですか」とは聞きにくいものです。そして、「なぜこの人は来たのだろう」と不必要な不安を感じてしまうことだってあるのです。ですから、初めてクライエントを訪問するときには、その理由をよく説明することが大切です。

7 面接時間

カウンセラーの面接時間は、たいてい三十分から五十分ぐらいでしょう。しかし、この長さでなくてはいけないという決まりはありません。ただクライエントが定期的に面接にくる場合には、一回あたりの面接時間の長さをどのくらいにするかを、前もって決めておくほうがいいでしょう。

生活援護のように経済的な援助とか、介護のような身体的なサービスをおこなう場合は別として、相談を目的とした面接では援助がはっきりとしたかたちをとりません。したがって、クライエントからみると、面接の長さという時間が具体的な形で現れる唯一のものです。ですから、カウンセラーが面接の長さをいつもよりも長くすれば、それを好意のしるしと受け取ることもあるでしょうし、逆に早めに終わると、カウンセラーは自分を大事にしてくれないと誤解する危険性もあります。ですから、普通は一度決めた時間をできるだけ守るほうがいいと思います。

カウンセラーの側でも面接の時間をめぐっていろいろと考えます。面接に遅れてくるクライエントは、ことによると面接に一種の「抵抗」を感じているのではないだろうかと判断することもあります。また、早くから待合室で待っているクライエントですと、面接を受けたいという気持ちがとても強いのかもしれません。

これと同じことをカウンセラーに当てはめてみましょう。もし、カウンセラーが面接の時間に遅れたら、クライエントは「カウンセラーの○○さんは私のことなんかどうでもいいと思っているのだ」

と考えるかもしれません。でも、面接の前に突然重要な電話がかかってくるとか、どうしても前の面接が長引くこともあるでしょう。こんな場合には、電話の相手や面接中のクライエントに断って、待合室のクライエントに「すみません、どうしても急の仕事が入って、あと○分ほど待ってください」と断るのが礼儀ですし、不必要な誤解を生むことを避けることができます。

ときには、予約なしでいきなり飛び込んできて、「すぐ会ってください」というクライエントもいます。カウンセラーのなかには、原則として予約をしていない面接には応じない人もいるくらいです。もしカウンセラーの時間がたまたま空いているので、すぐに面接をおこなうならば、面接を終わるときに、「この施設では、普通予約をしてない方には面接することはできないことが多いのですよ。今日はたまたま私の時間が空いていたので、お会いできたのです。これからは、前もって次の面接時間をちゃんと決めておきましょう。そうでないと、長いこと待合室でお待たせすることになりますから」と説明して、次の予約をしておきましょう。

また、予約をしていないクライエントや遅れてきた人と面接するときには、どのくらい時間がとれるかを面接を始めるときに伝えておくほうがいいでしょう。私たちは、時間も、お金も、食べる物も、着る物も、みんな予算という制約のなかで生活しています。ですから、面接時間が少なければ少ないなりに、その制約のなかでできるだけ時間を有効に使おうと努力します。それに、カウンセラーだけが時間の制限を感じていても、クライエントにそれを伝えていなければ、突然面接の終わりを告げられて、クライエントはどうしたのだろうと不思議に思うかもしれません。ことによると、「今日はカウンセラーの機嫌が悪い」「私のことには関心がない」など、不必要な誤解が生まれることすらあります。ですから、「今日は突然いらしたので、三十分しか時間がないのですよ」「遅れていらっしゃったので、午後三時までの三十五分しか残っていませんが、ご了解ください」といった説明をしてから面接に入るほうがいいでしょう。

私が駆け出しの面接者の頃に、こんな経験をしたことがありました。大学のカウンセリング・ルームでのことです。その頃は、小さな面接室が廊下に面してあるだけで、待合室も受付もありませんでした。面接中によくドアをノックして、初めての学生が訪ねてくることがありました。

はじめのうち私は、「すみません、今、面接中なので、後で来ていただけませんか」と丁寧にお願いしていました。しかし、ほとんどの学生は二度と私のところを訪れてきませんでした。これは当然のことかもしれません。学生にとって、カウンセリング・ルームを尋ねることはとても勇気がいることだったと思います。やっと決心がついて、相談しようと面接室のドアをノックしたら、見知らぬ男が顔を出して「今、面接中だから後で来てください」と門前払いを喰わされたのです。もちろん、私はできるだけ丁寧にお願いしたつもりです。でも、「別の時に来てください」と言われた学生にとっては、門前払いを喰わされたような心境だったでしょう。

そこで私は、初めての学生が面接中にドアをノックした場合には、面接中のクライエントに断って、ほんの少し面接を中断して廊下に出ました。そして、訪ねてきた学生に面接中であることを伝えて、ほんの二、三分間で来室の理由を手短かに話してもらい、次にいつ来られるかを聞いて予約をしてもらってから別れました。そうすると、ほとんどの学生は次の面接にやってきてくれたのです。予約をとることの大切さを改めて再認識したものでした。

8 電話での連絡

クライエントと電話で話すときには、どんな内容をどう話すかを、前もってよく考えておくことが必要です。「いのちの電話」のように電話でクライエントの相談にのるのか、連絡をとり何かを尋ねる、あるいは情報を伝えるだけにするのかを決めておくほうがいいでしょう。

カウンセラーのなかには、クライエントと電話では話をしないことを原則にしている人も少なくありません。また、逆に電話での会話も一種の面接であって、十分に援助ができるという立場をとる人もいます。どちらが正しいかは簡単に言えないと思います。それぞれのカウンセラーの判断によるしかありません。

普通の面接は、カウンセラーがクライエントと向かい合って話し合う「対面」的な話し合いです。したがって、両者の間では、言葉によるコミュニケーションだけではなく、目で見える視覚的な非言語的コミュニケーションによる情報が大切な役割を演じています。しかし、電話での話し合いではそういう情報はありません。

でも、電話相談には普通の対面的な面接ではできないこともあります。たとえば、電話相談では電話をかけてくる人とそれを受ける相談員の間は距離的には遠く離れています。それでも話し合うことができるのです。それだけではありません。電話相談では、クライエントは嫌ならいつでも電話を切ることができます。また、次の電話をかけてこなくてもいいのです。電話を受ける相談員のほうは、「いつ電話を切られるか」ということを絶えず心配しながら、電話の相手と向かい合っています。

電話相談では、電話をかけるほうもかけられるほうも、相手が誰であるかを知りません。この匿名性が、自分のことを電話の向こう側の相手に平気で話せるようにしていると思います。電話相談でも受容と傾聴が基本です。しかし、電話相談では、ほとんどの場合相談する時間の長さに制限はつけません。いつでも、どこからでも電話をかけ、いつまででも話すことができます。

ですから、いつもは面接室でクライエントと向かい合っているカウンセラーが、クライエントに電話をかけるときには、同じ電話という手段を使っていても、その使い方は電話相談とは随分ちがうものだと思うのです。

電話による相談の経験が少ない私は、クライエントに電話をかけるときには、相手に失礼にならない範囲で、できるだけ手短に用件とか情報だけを聞き、また伝えるようにしています。援助を進めていくときに、その一部としてクライエントに自宅や職場で何かをやってもらうことを指示したり、頼んだり、約束をしたりすることがあります。そうした場合、クライエントがそれを実行してくれたかどうかを確かめるために電話をすることがあります。こんなときには、相手に失礼にならない範囲で手短に話し合うのがいいでしょう。

9 カウンセラーのリード

これまでは、面接の重要な部分として、受容、共感、傾聴といった、カウンセラーが表面的にあまり大きな働きかけをしない面接の方法を紹介してきました。しかし、カウンセラーがもう少し大きな働きかけをする場合もあるのです。こうした働きかけはカウンセラーがクライエントを目標に向かって少し「導く」とか「引っ張っていく」といった色彩をもっていると思います。こうした働きかけのことを「カウンセラーのリード」と呼んでいます。

社会福祉の領域で活躍するカウンセラーといっても、寝たきりのお年寄りの介護をする人と児童相談所で両親の面接を担当する人とでは、活動の状況が違うのは当然です。

介護をする人ならば、被援助者であるクライエントの身体的なお世話が活動の大きな部分をしめるでしょう。しかし、それと同時にクライエントと良い人間関係を作ることが、介護をはじめさまざまな援助をおこなううえで、またクライエントのリハビリテーションに対する動機づけを強めるためにもとても大切です。

介護をする人だけではありません。教護や養護といったさまざまな児童福祉機関あるいは生活援護機関のカウンセラーが、クライエントを訪問し、お世話をするときに、どんな具合に言葉をかけるかはとても大切です。言葉だけではありません。言葉と並んで非言語的なコミュニケーションの重要性も見逃すことができないでしょう。

介護をする人がどうやってクライエントのお世話をするか、どんな具合に身体を起こしたり、汗を拭いたり、顔を洗ってあげるかは、面接中のカウンセラーが言葉を使って話し合うのと同じくらい大切なメッセージだと思います。ですから、高齢者、障害者、患者、子どもの世話や保育をする人たちは、言葉と行動の両方でクライエントに語りかけ働きかけているのです。こうした活動をする人たちは、面接室での面接よりもずっと積極的に、クライエントを励ましたり、指示を与えたり、ときには注意をしたり戒めたりといった、非常に積極的な働きかけをすることが少なくありません。そうした働きかけのなかに、カウンセラーの温かさや思いやりといった要素を相手に伝えることが大切です。

身体的な障害を持つクライエントへ働きかけるときには、相手がやれることができるレベルを考え、どうやるかを説明し、最終目標つまり理想の状態に少しでも近づいたら、すぐに「上手くなった」「良くなった」ということを、言葉であるいはジェスチャーで伝え、一緒になって喜ぶという大きなリード、つまり働きかけが多くなるのは当然です。

面接することが多いカウンセラーの場合には、クライエントにある程度の主導性をあずけ、クライエントの語る言葉に耳を傾け、クライエントが語り、考え、沈黙するという流れとともに歩み、ときには一歩後ろからついていくといった接し方をします。このために、クライエントが話す言葉の裏にある気持ちを取り上げ、それを「投げ返す」とか「鏡に映すように反射させる」といった働きかけが多くなります。つまり、クライエントが自分で考え、自分でどうするかを選ぶということを尊重して、「じっと、そばに立っている」という態度が強調されます。

しかし、場合によっては面接中にクライエントに必要な情報をカウンセラーが与えることも必要になります。こうしたときには、カウンセラーはある程度、主導性をとるわけです。つまり、リードが大きくなります。

リードの大きさということからすると、クライエントの話すことに耳を傾けるということは小さなリードかもしれません。でも、熱心に聴くということは、決して消極的な活動ではないのです。むしろ、積極的に聴くという言葉のほうがふさわしいと思います。カウンセラーはクライエントが語ることに耳を傾け、どういう意味かを読みとり、何を訴えようとしているかを理解し、言葉のうしろにある気持ちを感じとり、「わかった」ということを言葉に出して相手に伝えることを面接を通じてやり続けるのです。こうした態度と働きかけは、介護をする人がクライエントの身体をさすったり、起こしたり、寝かしたりするのと同じくらい積極的なことだと言えると思います。かたちや領域は違っても、カウンセラーの活動はみんな積極的なものなのです。

面接中にカウンセラーがクライエントをどんどん引っ張って行くことは、原則的には慎むべきでしょう。なぜかというと、クライエントはカウンセラーの思うようにあやつられていると感じることがあるのと、クライエントが自分の判断で自分の歩む道を選択し決定するという権利を奪ってしまう危険性があるからです。もし、クライエントの思っていることや考えていることと違ったところへ話をもっていったら大変です。

ですから、面接ではクライエントの話す内容を取り上げることも大切ですが、クライエントの気持ちに焦点を当てて、それを鏡のように写し出すという小さなリードを心がけることが大切ですし、また安全だと思います。

クライエントが、

「誰も僕のことをかまってくれません。僕なんかどうなってもいいんです」

と言ったとしましょう。

こんなときに、カウンセラーが、

「誰もかまってくれないのですね」

「皆から見放されているような感じなのですね」

と言えば、内容をほぼそのまま反射しているわけです。こうした反応は小さなリードをしながら、相手に「あなたのおっしゃることを私はよく聴いていますよ」ということを伝えているのです。これも面接のときには大切な方法です。

また、カウンセラーは、

「そうなんですか」

と気持ちをこめて言ったり、

「ふん、ふん」

とうなずきます。これもリードは小さいのですが、相手に「一生懸命聴いていますよ」ということを、言葉で言わなくても、その動作と声で伝えることができます。

さらに、クライエントの話をもっと掘り下げたければ、

「寂しいですよね」

「辛いですね」

とクライエントの気持ちを取り上げ、それを反射することは、とても大切なことです。この場合、少しリードは大きくなるでしょう。


こうしたクライエントの気持ちを、相手の話す言葉だけではなく、話すときの調子や表情からも読みとることが大切です。そして、クライエントに対する尊重、相手をおもんばかるというカウンセラーの気持ちを伝えなくてはなりません。

ここで取り上げたカウンセラーの応答は、クライエントの気持ち、考え、判断をカウンセラーの思う方向へもっていくとか、結論を出そうとするのではなく、クライエントがどんなことを考え、感じているかを、鏡のように写し出す役割を果たしているのです。カウンセラーがクライエントに「一緒にいますよ」ということを伝え、クライエントがカウンセラーのことを「この人は、私の話を聴いてくれる」「この人は私の気持ちをわかってくれる」ということを経験することができるのです。こうしたことに配慮して面接をすることによって、カウンセラーの判断や結論をクライエントに押しつけるとか、クライエントが言いかけている文章の後半をカウンセラーが先に言ってしまうことを避けることができるのです。

10 沈黙の尊重

クライエントの話すことにカウンセラーが耳を傾けることの大切さはこれまで何度となく取り上げてきました。でも、カウンセラーが熱心に聴こうとしているのに、クライエントが黙りこんでしまった場合、どうしたらいいかを考えてみましょう。

日常生活の会話のなかで、話題がなくなり、会話がとぎれると、なんとなく気まずい雰囲気がただよいがちです。これと同じように、面接中にクライエントが黙ってしまうと、カウンセラーはけっこう苦痛を感じるものです。

私たちの生活では、自分の家族とか親しい友だちが、何か良くないことをしていれば、すぐに忠告し、ときには喧嘩をしてでもそれを止めさせようとします。同じように、困った考え方をしていれば、その考えを何とかして変えようと説得します。しかし、良くない行動や考え方をしている人が、自分とまったく関係のない人ならば、そんなに懸命になってまで相手の行動や考えを変えようとはしないでしょう。何も言わずに黙っているに違いありません。ですから、私たちの頭のなかで、黙っていることは相手を無視していることだと思いがちなのではないでしょうか。

面接中のカウンセラーにとっては、クライエントとの間で話がとぎれ、沈黙が始まると、何となく相手を無視しているような気持ちになったり、何か言わなくてはいけないと思ってしまうのです。そのために、クライエントが再び話し出すまでの時間がとても長く感じられてきます。

カウンセリングが始まったばかりの頃は、クライエントの恥ずかしさや不安のために沈黙が起こることが少なくありません。一方、カウンセリングがかなり進んでからの沈黙は、クライエントがカウンセラーに答えを求めているとか、何かをやって欲しいという依存的な傾向を示していることがあるようです。

もちろん、クライエントが自分の悩みをカウンセラーにどんな具合に話そうかと考えこんでいたり、話すべきかどうか迷っている場合もあるでしょう。また逆に、クライエントが長いあいだ心のなかにしまいこんでいた、痛みや悩みをカウンセラーに打ち明けることができて、「やれやれ」「よかった」「やっと言えた」という具合に、一服している沈黙もあるでしょう。あるいは、自分の心のなかで、喜び、悲しみ、痛みといったさまざまな気持ちを感じていても、それをカウンセラーに話そうかどうしようか迷っているのかもしれません。いずれの理由であっても、カウンセラーはクライエントの沈黙をしばらく見守るのが一番安全だと思います。カウンセラーがあせってクライエントの話をとってしまう形で沈黙を破ると、クライエントの思考の流れを乱したり、クライエントから主導性を奪ってしまうことになりかねません。

かといって、沈黙があまり長く続くと、クライエントは自分が無視されたと思ったり、沈黙に耐えられなくなって不安が強くなることもあります。こんなときには、「自分の考えや気持ちを言葉で言い表わすことは難しいものですね」といった語りかけで、カウンセラーがクライエントの沈黙を受け入れている、理解している、温かく見守っているということを伝えるのもいいでしょう。もちろん、こうした言葉と同時に、顔の表情や声の調子でカウンセラーの温かさと尊重の気持ちを伝えることが大切です。

クライエントのなかにはカウンセリングを、自分がカウンセラーに質問して、それに対する答えを与えてもらう場所だと考えている人もいると思います。もちろん、質問と回答という形でおこなえる援助もあるでしょう。

でも、なかにはクライエントが自分の気持ち、悩み、考えを話し、それにカウンセラーが耳を傾け、気持ちをくみ、わかったということを言葉で伝えることによって、クライエントの心のなかにあるものを鏡のように写し出し、それを見ながら、クライエントがカウンセラーと一緒になって解決の糸口をつかんでいく進み方もあると思います。ただ、クライエントがカウンセラーと話し合いながら、問題を解決するという援助方法は、はじめのうちはクライエントにとってとてもわかりにくいものです。そんな場合には、カウンセラーはクライエントにカウンセリングをどのように進めるのかを説明するのもいいでしょう。

沈黙が起こったときに、それをどう扱うかは公式的には決めにくいものです。

一般的に、クライエントが沈黙してしまったときには、クライエントがまた話し始めるのを待ち、カウンセラーが沈黙を始めたときには、カウンセラーから話し始めるという考え方もあります。しかし、どちらが始めた沈黙であっても、クライエントかカウンセラーのどちらかが苦痛に感じ出したら、それをカウンセラーのほうから破るのもいいでしょう。ただ、そこへ行くまでに、カウンセラーはあまり慌てずに、ゆっくりと待つという態度と辛抱を身につけたいものです。

11 「大丈夫ですよ」と言ってもいいのでしょうか

私たちは誰か困っている人や、不安を感じている人を見たときに、すぐ「そんなに心配しなくても、大丈夫ですよ」「案ずるより産むがやすしですよ」と言って、なんとかして相手を安心させようとします。

その意図は決して悪いことではありませんが、カウンセラーが具体的な保証も根拠もないのに、口先だけで「大丈夫、大丈夫」とクライエントに向かって言うことには賛成しかねます。ひとつには、本当に大丈夫でもないのに、「大丈夫」と言って安心させているだけだからです。それに、クライエントは「大丈夫」と言われると安心して「それならばカウンセラーの助けは必要ではない」と思い、援助を求めてやってくる意欲というか動機づけがなくなってしまう恐れがあるからです。

カウンセリングでは、カウンセラーはクライエントのために、すべてのことを決めてあげたり、やってしまうのではなく、クライエントが可能な範囲で、できるだけ自分で選び、決定し、自分の力でやることを、カウンセラーはそばから助けるといった感じで接したいものです。

ただ、そうは言っても、クライエントのなかには大きな不安のために、自分の問題に取り組むことさえできないような人もいるでしょう。また、「こんな状況におちいっているのは、この世界のなかで自分だけだ」といった絶望感におそわれていることもあります。こんな場合には、「あなただけではなく、随分おおぜいの方々がこのことで悩んでいらっしゃるんですよ」と言うことによって、クライエントはおおいに助けられると思います。

ある経験豊かな助産師さんが、出産のときになかなか赤ちゃんが産まれずあせっている妊婦に、「産まれてくる赤ちゃんは、みんなそれぞれのお母さんに合うようにお腹のなかで育ってくるのですから、大丈夫、産まれてきますからね」と言って励ますということを聞きました。上手な励まし方ですし、また支え方だと思います。

カウンセリングで「大丈夫ですよ」という言葉は、軽々しく使うことは避けなくてはならないと思いますが、非常に強い不安を抱いているクライエントに対しては、カウンセラーがクライエントの不安を「一緒に担いましょう」といった態度で接するとともに、言葉でその気持ちを伝えることも大切な場合があるのではないでしょうか。

12 共感とともに苦しみを乗り越える

フランクルという精神医学者は、第二次世界対戦中にナチスの手によって強制収容所に入れられ、妻と子を亡くし、自らも戦争が終わるまで収容所のなかで大変過酷な生活を送りました。そうした生と死の間をさまよった経験を『夜と霧』という本として出版しました。彼はその他にも多くの本や論文を書いています。彼はそれらのなかで「苦しみの意義」について次のように述べています。

私たちは職を失ったり、失敗をしたり、裏切られたり、愛する人を失ったりという多くの苦しみを経験します。しかし、「そうした苦しみのどん底にあるときでも、人生の意義を見いだすことができる」と書いています。彼は「人の生涯は幸せだけではなく、苦しむという経験があってこそ完成される」というのです。もちろん、自分から苦しみを求める人はいないでしょう。しかし、私たちの人生には、避けようとしても避けることのできない苦しみが必ず襲ってくるものです。それは死の訪れかもしれません。あるいは治療方法のない病気にかかる場合もあるでしょう。そうした運命としか言いようのない苦しみのなかにあっても、人は苦しみの意義を経験することができるとフランクルは主張しています。

カウンセリングをするということは、そうした心理的な苦しみや、身体の健康の回復だけではなく、心つまり精神的な求めにも応じなくてはならないのです。つまり、どうにもできない状態にある人にとって必要なのは、大きな苦しみに耐える力なのです。

フランクルの診療所の看護師の一人が、ガンにかかりましたが、その治療のために開腹手術をすることすら難しい状態であると宣告されました。そうした絶望的な状態のなかから彼女はフランクルに自分を訪ねてきて欲しいと連絡をしてきました。この看護師と話している間に、フランクルは彼女は自分の病気のことで落胆している以上に、自分がもう働けないということに絶望しているということに気づいたのです。

そのとき、フランクルはこの看護師に「あなたが毎日八時間働くことは、看護師ならば誰でもやれることだけれども、あなたのように働こうと思っても働けない状態にある人が、絶望しないということは、誰にも真似することができない立派なことだと思う」と語ったというのです。この看護師はそれから八日後に亡くなりましたが、フランクルは「もしこの看護師が絶望していたならば、彼女は人生の意義を人の労働時間の長さによってだけ決めていたことになるでしょう。それは、彼女自身からだけではなく、衰弱した病人から生きていく権利や存在の意義を奪うことになったでしょう。この看護師は自分にしかできない働きをする機会をまっとうすることによって、本当の人間の姿の模範を示すことができた」と書いています。

また、一人の年老いた医師がフランクルのところへやってきました。この老医師は一年前に自分の妻を亡くして、その心の痛手に打ちひしがれていたのです。フランクルはこの医師に「もしあなたのほうが先に亡くなっていたら、どうだったかを考えられたことがありますか」と尋ねました。するとこの老医師は「もちろん、私の妻はきっと絶望してしまったでしょう」と答えたのです。そこでフランクルは「もしそうならば、あなたの奥さんは絶望を味合わなくてよかったわけですね。あなたは奥さんを絶望から救ってあげたのです。ですから、奥さんの代わりに彼女の死を嘆かなくてはならないのです」と話したというのです。このときから、彼にとっては苦しみが一つの重要な意義を持つようになりました。そして、この老医師は妻を失った人としての苦しみのなかに、意義と慰めを見いだすことができるようになったのです。

13 クライエントの輪郭をつかむ

初めての面接の目的は、カウンセラーがクライエントを援助することができるような人間関係をつくることです。それと並んで、大切なことは、クライエントはどんな人か、どんな生活状況にあるのか、これまでどんな経験をしてきたのか、どんな問題をかかえているのか、どんな援助を求めているのか、どんな援助が必要だとカウンセラーは考えるのかといった、クライエントとその問題の輪郭というか全体像をつかむことです。

初回面接でも、介護をする人がクライエントを訪問するときのように、介護サービス調査票のような一種のチェックリストが用意されていて、面接をしながら記入していく場合もあるでしょう。もちろん、クライエントという「人」を十分理解することは、たった五十分間の面接時間のなかではとても難しいことです。ですから、初めての面接でクライエントの全体像をつかもうとする場合には、初回面接に限っては、いつもの面接の倍の時間をさく必要があるかもしれません。でも、忙しいカウンセラーは一度に倍の時間を一人のクライエントに割くことができないこともあるでしょう。そんなときには、受理面接を二回に分けておこなうのも一つの方法です。

二回に分けることは、時間がかかるうえにクライエントに二度も足を運んでもらうので迷惑をかけることになるかもしれません。でも、カウンセラーが初回面接の後で記録を書いていて、「しまった、このことを聞いておくのを忘れた」「ここはもっと詳しく尋ねておくべきだった」という箇所が幾つも出てくることがあります。そんな場合、二回に分けておけば、次の面接で改めて尋ねることができます。ですから、二回に分けて受理面接をおこなうことは、決してマイナスばかりではありません。より良くクライエントの全体像をつかむことが可能になるからです。

受理面接の目的の一つは、クライエントを面接したカウンセラーの施設や機関が引き続き援助をおこなうべきかどうかを決めることです。引き続き援助をおこなう場合、初回面接をおこなったカウンセラーがそのまま担当するのか、あるいは他のカウンセラーが受け持つのかどうかを決める必要があるでしょう。あるいは、ほかの施設や機関に紹介したほうがいい場合もあるかもしれません。

面接の途中で、クライエントが話していることを、もっと詳しく聞きたいときや、掘り下げたいときには、

「そのことは大切なので、もう少し詳しく話してくださいませんか」
「それはどういうことでしょうか」
「もう少し説明していただけませんか」
「と、おっしゃいますと?」

といった質問をすることによって、クライエントがどんどん先へ行ってしまうことに、ストップをかけることができます。

面接はある程度クライエントのペースで進むことが大切です。しかし、初めての面接では、カウンセラーはクライエントの全体像をつかむことが必要になることが少なくありません。そんなときに

は、こうした質問をすることによって話の内容を深めたり、掘り下げることも必要でしょう。

受理面接でも傾聴はとても大切なことです。しかし、受理面接では一つの領域だけに焦点を当てるのではなく、もっと広くクライエントの生活全般あるいは問題のさまざまな側面について話を聞くことが必要な場合もあります。

私がまだ初心者のときにこんな失敗をしてしまいました。幼い子どもの問題で母親が相談にきました。心理学者が子どもとプレイルームで一緒に遊びながら観察していている間に、私が母親を面接したときのことです。はじめのうち、このお母さんは子どものことを話していましたが、次第に夫に対する不満を話しはじめ、最後は泣きながら夫婦の不和について訴えたのです。私はそうしたクライエントの話に傾聴しようと努力しました。そして、クライエントが自分の心の奥底にしまってあった、夫への不満を話してくれたので、少しばかり得意になっていました。しかし、次の面接からはこのクライエントは全く夫との不和について話そうとしませんでした。

彼女は初回面接で、夫についてあまりにもたくさんの不満をいっぺんにカウンセラーの私に話したことを、家に帰ってから後悔をしていたのではないかと思います。傾聴は大切です。しかし、初回面接のときに、一つのことだけをあまりにも深く掘り下げて聞くことが、後で「話しすぎた」という気持ちをもたすようになってはいけません。カウンセリングの複雑さと難しさを知らされた経験でした。

14　クライエントのこれまでの歩み

クライエントの現在の問題を取り上げることはとても大切なことですが、クライエントの現在の状態を理解し、その全体像をつかむために子どものときからの「生い立ち」を尋ねることもあります。これがヒストリーとか生育歴と呼ばれるものです。とくに、伝統的なカウンセリングとケースワークをする人たちは、精神分析学の影響がかなり強いので、クライエントの現在の状態は幼いときの経験と結びついていることが多いと考えます。このため、クライエントが幼い頃から現在にいたるまで、どのように育ち、どんなことを経験したかをかなり詳しく尋ねることが少なくありません。

もちろん、それと並んで、クライエントの今の状態、今の悩み、今の心の痛みについて耳を傾けることを忘れてはならないでしょう。クライエントの年齢、どんな仕事についているか、今の仕事や職場についてどう考えているか、家族は誰と誰で、誰と一緒に住んでいるのか、家族についてどう思っているか、家族が自分のことをどう思っていると考えているか、とくに親子、夫婦、兄弟姉妹との交わりがどんなものであったかを理解しておくことが大切です。

昔のことを知ることは大切ですが、それはあくまでもクライエントの今の状態を理解するために必要なのです。また、現在の援助関係のなかで「転移」といって、クライエントがかつて親や兄弟姉妹との間で経験した過去の人間関係を、カウンセラーとの間で再現しているような場合には、過去を理解することが転移の性質を解明するうえでとても大切です。

クライエントの幼いときのことは、クライエントの母親にでも聞かないかぎり、当人はほとんど覚えていないのは当然です。私たちが思い出せるのは、せいぜい小学校に入った頃からです。それより前のことは断片的には覚えていても、はっきりとは思い出しにくいものです。とくに自分がどんな子どもで、周囲の人からどんな具合に扱われたかを詳しく思い出し、それを話すことはかなり難しいことです。ですから、子どものときのことを質問するときには、「何歳ぐらいまでのあなたを思い出せますか」と尋ねるのもいいでしょう。

クライエントが小学校へ行くことを喜んでいたのか、どんなことを経験したのか、先生がどうあつかってくれたか、仲間とはどんな具合に交わったか、仲間の集団のなかではどんな子どもだったか、勉強についてはどんな思い出があるかといった質問が、クライエントを子どもの頃にさかのぼらせてくれるようです。

中学校や高校に入ってからのことについても、基本的には同じような質問をすればよいのですが、この頃になると異性への関心あるいは交わりといったことも大切な情報になると思います。とくに、夫婦間の問題で悩んでいるようなクライエントの場合には、こうした情報が現在のクライエントの問題について、理解を深める鍵を与えてくれることが少なくありません。私たちの現在の問題は、急に起こったわけではなく、幼い頃から何度も同じようなことを繰り返してきている可能性があるからです。ですから、クライエントの問題の「歴史」つまりヒストリーを探ることが必要な場合もあるわけです。

15 施設やカウンセラーの担当範囲

ある一つの施設や機関がすべての援助をおこなうことはできません。また、それぞれのカウンセラーは、自分の働いている施設の機能と自分の役目や役割の範囲内で活動をしているわけです。つまり、施設にもカウンセラーにも、守備範囲があるのは当然です。

これは野球選手の守備範囲とよく似ています。外野にフライが飛んでいったときに、内野手が深追いをすれば外野手の邪魔をしてしまいます。ですから、ボールが少し遠くへ飛んだ場合には、「何でも自分が捕るんだ」とばかり外野手の守備範囲にまで追いかけるのではなく、むしろ外野手に捕らせて、ボールを返球してくるときにその中継をするとか、ボールを取り損なった場合にそのバックアップをする役割を果たすわけです。

子どもの心の健康ならば、教育研究所、総合病院の神経科、児童相談所のような機関がその専門だろうと思います。少年非行だと児童相談所、家庭裁判所、各学校や教育委員会のカウンセラーの守備範囲でしょう。児童虐待ならば児童相談所や民間の児童虐待の防止センターのような機関があります。社会福祉の領域では、実にさまざまな問題を多くの機関が取り上げています。カウンセラーの役目のひとつは、社会的な資源と呼ばれるさまざまな機関の機能を理解しておくことです。そして、自分のところへきたクライエントをどこの機関へ紹介すれば、最も良いサービスが受けられるかを知っていなくてはなりません。それはただ単に、機関の名前とその専門領域を知っているだけでは不十分です。できれば、活動を通してさまざまな機関の人たちとも知り合い、クライエントを紹介するときに、紹介先の専門家と連絡を取って上げることができれば、クライエントにとって大きな助けになるでしょう。クライエントを紹介するときに、ちょっと電話をかけてあげるとか、紹介状を持たしてあげるといった配慮をすれば、クライエントは紹介先の機関を尋ねようとする気持ちが強くなるに違いありません。

各機関にはそれぞれの専門分野があります。ですから、訪れてきたすべてのクライエントを援助することができないのは当然です。しかし、他の機関への紹介の仕方が不親切だったり、十分説明がされないと、クライエントは「あなたの問題はここでは手に負えませんから、よそへ行ってください」とたらい回しにされたような気になります。紹介先の機関のほうがより良いサービスを提供することができるということをクライエントに十分に説明することが必要です。

16　援助の目標

ひとつの例ですが、社会福祉機関はさまざまな援助をおこなっています。たとえば、生活援護機関である福祉事務所ならば、生活保護を中心に主として経済的な援助をおこないます。そして、クライエントが自立できるように援助するのが大切な目標です。目標というのはカウンセラーが一方的に立てるものではありません。クライエントと一緒になってどんなことを目標にし、そこに到達するためには何をするのかを考えていくわけです。もちろん、カウンセラーにはカウンセラーの考えや方針があるでしょう。だからといって，それをクライエントに一方的に押しつけることは考えものです。なぜかというと，そんなことをすれば，クライエントが自分の力で自分にとって大切な選択と決定をおこない，それを実行していく機会を奪ってしまう恐れがあるからです。また，理想の目標をかかげるあまり，非常に長期的な計画を立てて，実際にそれを実行することが難しいならば，何の役にも立ちません。

カウンセラーはクライエントの意見や気持ちを尊重しますが，同時にカウンセラーとしての判断と価値観や理想を忘れてはなりません。そのために，両者が話し合い，少しでも理想に近づくためには，まず現実的なところに目標を置くことから出発したいものです。

生活援護のケースならば，最初の段階ではまず経済的な援助を受ける条件を満たしているかどうかを調べ，条件を満たしているならば，どうやって援助を申請するかを説明し，もし借金があるならばどういう計画で返済するか，どうやって仕事を探すか，クライエントの働く意欲をどうやってたもつかを話し合っていかなくてはなりません。こうした一連の相談のなかで，カウンセラーはクライエントを常に支えるという姿勢が必要です。

ケア・ワーカーも非常に具体的な援助計画を立てなくてはなりません。まず，クライエントがどんな身体的な状態であるかを調べることから出発します。それと同時に，これまで何度となく述べてきたように，良い援助関係を保つ努力を絶えずしなくてはならないのは当然です。そして，どんなサービスを受けることができるか，費用はどのくらいかかるか，医師の意見書がいるのか，そして最終的な介護の認定までにどんな手続きが必要かをわかりやすく説明することが大切です。

生活援護のサービスは経済的な援助だけではありません。働きはじめるまでには、カウンセラーがさまざまな形で支えなくてはならないでしょう。そして、いざ働きはじめて収入を得るようになると、生活保護を失うことへの不安と不満が出てきます。こうした問題を話し合うのも、カウンセラーの大切な仕事です。

介護の領域では、クライエントがどんな身体的なケアを必要としているかに注目しますが、身体的な援助だけにとどまりません。多くのクライエントは介護サービスを受けはじめたときには、家族以外の人に助けてもらうことは恥ずかしいと感じたり、家庭のなかを他人に知られたくないという抵抗があったり、身体を動かすことへの不安があるに違いありません。

こうした状態は他の福祉施設を訪れるクライエントにも共通することです。たとえば、カウンセラーに助けてもらうことは、有り難いことですが、同時に「こんなことすら自分ひとりではできないのか」と自分を責めたり、卑下することもあるでしょう。誰かに世話をしてもらうことは、自分でやるよりも楽かもしれません。でも、他人に頼ることに「ひけ目」を感じる人も少なくないでしょう。また逆に、援助してもらうことが長期間続くと、援助を受けずに自分の力だけでやっていこうという気持ちがなくなります。ですから、カウンセラーは経済的な援助でも、身体的なケアでも、クライエントの心のなかでどんな気持ちが起こってきているかに注目していたいものです。そして、経済的な援助やケアといった身体を助ける活動だけではなく、クライエントの心の状態を理解し、どんな援助目標をたて、どんな援助方法を使うかを考えなくてはなりません。

もちろん、クライエントのなかにはちょっとしたことで不愉快になったり、緊張するとすぐにお酒を飲んで酔っぱらったり、乱暴なおこないをする人もいます。こうした人には、どうやって欲求不満つまりフラストレーションに耐える力を身につけるかが最初の課題になるでしょう。そのためには、心や身体をリラックスする方法を身につける練習をしてもらうとか、自分自身に「気をしずめて」と語りかけることが、身近な目標になるでしょう。

カウンセラーは自分だけですべての援助をおこなうことはできません。ですから、同じ施設のなかの他のカウンセラーや他の機関と協力して、クライエントのために援助プログラムを作ることが大切です。

17 今後どう面接を進めるかを説明する

ケア・ワーカーの場合、これから週に何回訪問してきて、どんな介護サービスを提供するかを説明します。生活保護担当のワーカーならば、申請手続が終わったならば、今後どういう具合にどのくらいの援助が与えられるかを説明するでしょう。

こうした援助に比べると、一般のカウンセリングでは、それほどはっきりとした手続きや進め方は決まっていないことがあります。ですから、クライエントはこれからどうなるのだろうといった不安を感じることをカウンセラーは覚えておきたいものです。そうした問題を少しでも解消するために、最小限の決まりのようなものを説明しておくほうがいいでしょう。たとえば、面接が終わったあとで、次はいつ来ればいいかを話し合い予約をしておくとか、一回の面接はどのくらいの長さであるとか、面接で話した内容の秘密は守られるので自由に何を話しても大丈夫であるといったことを伝えると、クライエントは随分安心します。

また、クライエントに「あなたのお話をうかがいながら、あなたと一緒になって、あなたが心配している子どもさんの問題をどうすればよいかを考えましょう」「お困りのことにどう取り組めばいいか、二人で協力していきましょう」といった言葉が、面接に対するクライエントの動機づけを強めるものです。

18 記録

私の経験では、面接でどんな話をしたか、どんなことをやったかは、時間がたつにつれてどんどん忘れてしまいます。ですから、面接が終わったらできるだけ早く、面接の内容を記録に書いておくべきだと思います。時間がなければ、ちょっとしたメモを書きとめておいて後でそれを見ながら記録を書くほうが、まったく記憶だけに頼って書くよりも、ずっと正確に書けます。

病院のお医者さんは診察中にカルテに患者さんの病状、検査の結果、どんな治療をしたか、どんな薬を出したかを書き込みます。これと同じように面接中に記録を書くカウンセラーもいます。しかし、カウンセリングの領域では、一般的には面接が終わってから記録を書くことが原則です。その理由は、面接中はクライエントに百パーセントの注目と関心を払うことができるようにという配慮からです。私もそれに大賛成です。クライエントにとっては、カウンセラーが自分の話を聞きながら、それをメモにとるということは、あまりいい感じのものではないだろうと思います。

どうしてもメモを取りたい場合には、クライエントに「お話の大切なところを、私が忘れないようにメモしてもいいですか」と断って、重要なポイントだけを書いておくことは、それほど面接の妨げになるとは思いません。ただ、なんでもメモにとるのではなく、あくまでも大切なところだけをメモしておく程度にとどめておきたいものです。ただ、病院のようにカルテに記入するという習慣が定着しているところでは、面接中にカルテに直接記入することも、あまり不自然な感じにはならないでしょう。面接中にメモをとるときにも、メモ用紙ばかりを見ながら面接をするのではなく、クライエントのほうを見て話を聴きながら、大切なポイントだけを記入するという配慮が必要です。また、クライエントが話す内容で、「これは非常に大切だ」と思うようなときには、カウンセラーはメモをとることを止めて、クライエントの顔を見て、一生懸命に聴くということに専念するほうがいいでしょう。それは面接中にメモをとらないカウンセラーでも、「これは大切」と思うような内容が話されるときには、自分の身体を少し前にのり出すようにして、耳を傾けるのと同じことです。

カウンセラーの訓練としては、自分の面接をクライエントの許可を得て、ビデオやカセットテープに録画したり録音をして、それを逐語記録に「起こす」ことがあります。そうしたことをしたいときには、「私はここで話し合ったことを一生懸命に記憶しておき、あとで記録に書くようにしています。

でも、人間のすることですから、万が一にも大切なことを記入できなかったらいけませんので、テープ（あるいはビデオ）に取らしていただけませんか」と前もって尋ねるのが礼儀です。

実際に録音された内容を文章になおすことは、大変時間がかかるものです。したがって、毎回そんなことをやる時間はカウンセラーにはないと思います。しかし、初心者の間に、一度か二度そうしたことをしておくのも大切な経験だろうと思います。とくに、自分の記憶をもとに面接を逐語記録として書いてみて、それを実際にテープを起こして書いた逐語記録とどのくらい違っているかを比較することはとてもいい訓練になります。

こうして経験を積み重ねている間に、別にメモをとらなくても、面接が終わって記録を書くときに、面接で話し合った内容、クライエントがどんな反応をしたかを記録にまとめることができるようになってきます。こうした記録は、一言一句を再現するといったものではなく、要約的な記録になることは当然です。

もちろん、記録のなかには、最初の面接つまり受理面接のときに、カウンセラーがクライエントについてどんな印象をもち、どんな全体像をつかんだか、今後どんな援助目標に向かって、どんな援助方法を使うかといったことも記入しておくことができれば最高です。また、クライエントと話し合っていなくても、カウンセラーが自分の頭のなかで設定する初期の援助目標と最終的な援助目標、また選択されるであろう援助方法と今後の予想といったことも記入しておくことも大切でしょう。もし、クライエントの家族、学校、職場、その他の機関や関係する人たちと連絡をとったときにはその内容を記入しておくのは当然です。

19 面接の終了

面接の終了には二つの意味があります。一回の面接を終わるということと、カウンセリングを終結することがあります。

A 一つの面接の終わり

カウンセリングはたいていの場合、一回あたり三十分から五十分ぐらいです。そのうち、最初の数分間は、挨拶につづいてその日の面接の中心的な課題に入るための準備あるいは導入の時間だろうと思います。

それは野球のピッチャーが、ブルペンであるいはマウンドにあがって、ウォーミングアップをするのと同じようなものです。はじめはゆるいボールを投げ、次第にスピードを上げていくわけです。

面接でも、いっぺんにその日の課題に入るのではなく、前回の面接で取り上げた内容をおさらいし、それを話し合い、前回の面接が終わってからその日までに、どんなことが起こり、どんな経験をしたか、どんなことを考え、どんな気持ちを味わったかといったことを話し、次第にその日の一番重要な課題に入っていくのが理想でしょう。そして、面接のなかでクライエントの考えが話されたり気持ちが表出されたりするのです。そして、最後の数分間では、その日に話し合った内容を二人で振り返り、カウンセラーがまとめるといったことができれば最高です。

ただ、野球のピッチャーのなかには、たいしてウォーミングアップをしなくてもすぐに肩ができ上がり、投球することができる人もいます。それと同じように、面接でもすぐに問題の核心に入っていくことだってあるでしょう。もちろん、すべてがここで取り上げたような経過をたどる必要はないのです。クライエントとカウンセラーが一緒になって自由に話し合えばいいと思います。また、面接時間も非常に短い制約のなかでしなくてはならないこともあるでしょう。こんなときには、前にも述べたように、面接にどのくらいの時間をさくことができるかを、面接が始まる前にクライエントに伝えておくべきでしょう。そうすれば、クライエントはその時間内に自分が考えていることをある程度カウンセラーに話し、解決したいという気持ちになるでしょうし、終了時間までにひとつのけじめをつけようとするものです。

時間的なことを言えば、カウンセラーは予定された時間に面接をはじめ、予定された時間内に面接を終えることが大切です。すでに説明したように、もし面接の開始にカウンセラーが遅れたり、予定よりも早く切り上げると、クライエントは自分に対するカウンセラーの関心を疑うでしょう。また、逆にクライエントとの面接時間のあとが、たまたま空いていたからといって、その面接時間を延長すると、クライエントは次のときもカウンセラーが面接時間を長くしてくれることを期待するようになります。そして、面接時間の長さをクライエントに対するカウンセラーの関心の程度と考えるようになりかねません。ですから、面接は原則として時間通りに始め、時間通りに終わるべきです。

面接時間が終わりに近づいてきたら、面接で話し合った大切なポイントをカウンセラーとクライエントが一緒になってまとめるのもいいでしょう。「今日は、どんな話ができたと思われますか」「今日話し合ったことをどんな風にお感じになりましたか」「今のあなたの状態をどう思われました」といった質問は、面接を振り返るきっかけになり、またそのことが面接の終わりが近づいてきたことをクライエントに知らせることになるでしょう。

読者のなかには、時間が来たら面接は自動的に終わったらいいではないかとお思いになる方もおられるでしょう。でも、いざ面接をしてみると、その面接をちゃんと終わることは結構大変なことだということがわかると思います。クライエントが話すことのなかには、その人にとっては大変辛い心の傷のようなことも少なくありません。そうした傷をむき出しのまま帰っていただくことはできません。病院ならば薬をぬり、包帯を巻くといった手当をおこないます。カウンセリングでも同じことです。カウンセラーの温かさ、共感的な態度といった包帯で、心の傷をそっと包んで帰すのがカウンセラーの大切な役目だと思います。

しかし、努力をしても十分心の傷に包帯を巻くことは難しいこともあります。そうしたときには、「申し訳ありません。時間が来てしまったので、今話していただいていることは、ぜひ次の面接のときに話し合いましょう。この次はいつおいでになれますか」といって予約を取ることによって、少なくともクライエントは「今日でおしまいではない。次もあるんだ」という気持ちで帰っていただけると思います。

また、そのことによって、その日の面接と次の面接までの間に、自分でいろいろ考え、自分の心のなかでカウンセラーと対話をするわけです。面接の働きは面接時間の間だけではないのです。面接と面接の間に、カウンセラーは記録を書いたり、次の面接をより良くするためにはどうすれば良いかを考えたり、他の機関と連絡をとったりします。クライエントもカウンセラーから面接を受けるだけではなく、自分でも考え解決に向けて努力をするでしょう。つまり、面接の効果は面接と面接の間も続いているのです。

ですから、時間が来てもなかなか立ち上がらないクライエントには、次の面接をいつにするかを話し合うのも一つの方法です。次の予約が決まり、終了時間がきて「今日はこの辺で終わりましょう」と告げてもなかなか立ち上がらないクライエントには、カウンセラーが自分の椅子の肘掛けに手を当てたり、「立ちあがりますよ」といった姿勢をとるのもいいでしょう。また、机の上や手首の時計をちらりと目を向けるのも、時間の終了を告げる方法になります。

しかし、こうした非言語的な方法は失礼にならないように、相手の気持ちを傷つけないないようにすべきです。いらいらした素振りや、クライエントの話を途中でへし折らないように注意を払いたいものです。ただ、カウンセラーがいろいろ試みてもクライエントが話を続け、椅子を立ち上がらないような場合には、クライエントの話を聴きながらゆっくりと立ち上がり、クライエントのほうを向きながら、面接を続けながらゆっくりと面接室の出口のほうへ近づき、ドアに手を当て、自然な形でクライエントを送り出すようにしなくてはならないこともあるでしょう。

　また、このまま面接を切り上げては、クライエントに十分な支えをしていないと感じるような場合には、「今日お話をうかがったことは、あなたにとってとても大切なことだと思うんです。ですから、来週までよく考えておいていただけませんか。私も考えておきます」といったことを伝えるのもいいでしょう。

B　最終回の面接

　私たちが生きている限り、自分たちの社会的、身体的、心理的な問題が全くなくなるということはあり得ないと思います。しかし、援助を申請してそれが与えられたときが、クライエントとカウンセラーにとって一つの区切りをつけるチャンスかもしれません。カウンセラーの道を選んだ読者は、他者を助けたいという意欲をお持ちの心の温かい方々だと思います。したがって、クライエントを助けよう、クライエントのために役に立ちたいと思う気持ちが強いために、クライエントの問題が百パーセント解決できるまで援助していたいといった気持ちになりがちです。また、クライエントが力をつけていくのを見ることは嬉しいことです。そのため、カウンセラーは自分では意識していなくても、心のどこかでは「もっと助けたい、もっと良くなって欲しい」といった気持ちがあるに違いありません。

　そのため「そろそろ、クライエントに一本立ちしてもらおう」という考えになりにくいことがあるようです。こうしたことを避けるために、カウンセリングを必要以上に続けていないかを絶えず反省してみる必要があるでしょう。ですから，カウンセラーはクライエントの生活がある程度軌道に乗ってきたら，クライエントから「もう，一人でやっていけます」というメッセージが出ていないかを十分注意していましょう。「だいぶ一人でやれるようになりました」「なんとか自信が出てきました」「やっと光が見えてきました」といった言葉がそれにあたるでしょう。

こうした意味のことを聞いたときには，カウンセラーはそろそろカウンセリングが終わりに近づいてきたかもしれないと，援助の終了の機会を考え始めてもいいのではないでしょうか。そろそろ面接を打ち切ってもいいと思ったときには，カウンセラーのほうから「〇〇さん，どうやら一山越えたようですね」と言って，クライエントの反応を待つのも一つの打診の仕方です。

ただ，カウンセリングの初期の段階で，クライエントは自分の悩みや困っている問題を，とにかくカウンセラーに言えたということで，一時的に気持ちが軽くなる場合もあります。とくに，カウンセラーに自分の悩みや苦しい状態を聞いてもらえた後では，「やれやれ，よかった」という安堵の気持ちが生まれます。ただ，こうした気持ちはあくまでその時だけのものですから，しばらくするとまた不安になったり自信を失ったりすることがあるので，十分に気をつけておきたいものです。

逆に，カウンセリングが苦しく感じられることも少なくありません。クライエントは，普通ならば他人には言わないような自分自身のことや家族のことをはじめ，恥ずかしいこと，悩み，苦しみといったことを他人であるカウンセラーに話すわけですから，面接はずいぶん心の痛みをともなう経験です。したがって，カウンセラーのところへくることが，重荷に感じられることがあっても，決して不思議ではありません。また、カウンセラーのところへ通うということは、時間的あるいは経済的な負担も大きいでしょう。カウンセラーはクライエントのこうした気持ちや現実を十分理解する必要があります。そして、カウンセリングを続けるのか、それとも終了するほうがいいのかをクライエントと話し合うことが必要でしょう。

クライエントから面接を中止してほしいと言われたときに、カウンセラーは「自分は失敗した」という、落胆、挫折感、自己嫌悪、自責の念といった気持ちを味わうこともあります。ときには、非常に難しい面接をしているときに、クライエントからの中止の申し出に「やれやれ」という一種の解放感のような気持ちが先にたつこともあるでしょうが、そうした気持ちはやがて「失敗した」という挫折感につながることが多いようです。

私が強調したいのは、中止の申し出をそのまま失敗と考える必要はないということです。カウンセリングは非常に複雑なもので、クライエントが中止を申し出たということは、たくさんの要素がかみ合っていて、単純に失敗だったとは言えないでしょう。

また、これと逆に、カウンセラーがクライエントはもう自分ひとりの力でやっていけると思っても、クライエントがいつまでもカウンセラーに頼っていることも少なくありません。こうしたときには、一回あたりの面接時間を短くするとか、毎週一回やっていた面接を二週間に一回あるいは三週間に一回という具合に、徐々に間隔を開けていくのもいいでしょう。また、「あと五回の面接で終わりにしましょう」と最終回までの面接回数を決めておくやり方もあります。そして、毎回面接の度に、

「あと三回になりましたね」と残った回数を言いながら面接の終了にそなえるわけです。

カウンセラーに依存的なクライエントは最後の面接が近づくと，解決できた問題をもう一度持ち出したり，折角良くなっていた状態が再び悪くなることがあります。しかし，こうしたことはクライエントがカウンセラーから離れることへの不安の現れであることが多いようです。

そして，最後の面接では，面接の経過を振り返り，クライエントにどんな点が改善されたかということを自分の口で言ってもらい，またカウンセラーもクライエントの良くなった点を指摘し，「将来，また必要があればいつでもご連絡ください」と言って，カウンセラーを訪ねてきてもかまわないということを伝えることで，クライエントの分離不安を乗りきることができることが多いようです。

第5章 言葉によるコミュニケーション

1　人間には言葉があります

私たちは自分の考えや気持ちを誰かに伝えたいときには、まずそれを言葉で表現します。何が起こり、どんなことを経験し、どんな気持ちを味わったか、そしてその結果、自分はどうなったかを話すわけです。そうすることによって、私たちは問題を解決するだけではなく、心のバランスを保とうとしています。

辛いこと、苦しいこと、寂しいことなどを、自分の心のなかにいつまでもしまっていることは、心の重荷になります。ですから、カウンセラーはクライエントがどんな経験をし、何で困っているか、どんな気持ちを味わっているかを話してもらい、それに一生懸命耳を傾けることが大切なのです。でも、この傾聴ということはなかなか難しいものです。ですから、練習をして上手にならなくてはなりません。

相手の話すことに耳を傾けるだけなのに、なぜ練習をする必要があるかと疑問を抱く読者もいらっしゃるでしょう。しかし、自分の意見を言わずに、相手の話すことを一生懸命に聞くということは案外難しいことだと思います。私たちは日常的な会話のなかで、つい相手をさえぎって、「私はこう思う」「あなたの考え方は間違っている」と言って、相手の話を途中で横取りをして、自分の意見や考えをしゃべってしまいがちです。

耳を傾けるぐらいなら誰だってできることだと思いがちですが、それは意外と難しいことなのです。これは誰でもやれる「歩く」ということによく似ていると思います。

たいていの人ができる「歩く」ということでも、癖のない正しく美しい歩き方をしようと思えば、練習が必要です。頭を真っ直ぐに上げて、顔を前に向け、背筋を伸ばして、手を前後に振り、身体が左右に振れないといった簡単なことでも、いざやろうとするとなかなか難しいものです。

昔、ファッションモデルが訓練のために、頭の上に本を置いて落とさないように歩く練習をしているシーンを映画で見たことがあります。ちゃんと歩こうとするならば、ただ、足を互い違いに前へ出し、手を振ればいいといった簡単なものではなさそうです。

陸上競技の短距離のランナーは、どのくらい身体を前に傾け、どのくらいの角度で足を上げ、どのくらい前に踏みだし、足のどの部分で着地するか、腕を肘のところでどのくらいの角度に曲げてどんな振幅で前後に振るかを研究しています。自分の走り方の欠点を見つけるためには、自分の走っているところをビデオに撮ってもらい、それを何度も見て、悪いところを直しています。

カウンセラーも自分の面接しているところを、ビデオに撮るとか、テープレコーダーで録音し、それを見たり聞いたりして、自分の面接の進め方をチェックすることがとても大切です。多くの心理、福祉、教育、看護、保育といった機関では、ビデオで録画をする設備はないかもしれません。仮にあったとしても、実際に面接しているところを録画することはなかなか許してもらえないでしょう。

しかし、カウンセラー同士やそうした領域を専攻する学生同士のロールプレイならば、録画は可能です。録画の良い点は、面接する人にとっては、自分の声とクライエントの声が聞こえるだけではなく、面接されている人と面接している人の表情や姿勢といった、非言語的なコミュニケーションがわかることです。

しかし、ビデオでなくても、テープレコーダーで録音するだけでも、とても役に立ちます。単純にクライエントとカウンセラーのどちらがたくさん話しているかをチェックするだけでも、とても参考になります。

一般的なカウンセリングの場合、クライエントの発言が長く、カウンセラーが短いほうが良いに決まっています。クライエントとカウンセラーとの間の言葉のやりとりがどうなっているか、つまり相手の話す内容を良く理解しているか、相手の気持ちをキャッチして「わかりました」ということを言葉に出して相手に伝えているか、声の調子、声の大きさ、話すときのテンポ、といったことを聞き直してみると、反省すべきところや参考になる点がたくさん出てくると思います。

2　複雑なことでも短い言葉で伝えることができます

生き物のなかで人だけが言葉という抽象的な方法でさまざまな、そして複雑なことを自分以外の人に伝えることができるのです。たしかに、クジラやイルカも一種の声を出して仲間に何かを伝達しています。陸上の動物でも鳴き声で、危険が近づいたことを伝えています。鳥も、魚も、虫も何らかの声や音あるいは動作を通して、さまざまなことを伝達しているに違いありません。でも、人間のように非常に複雑な内容を言葉のなかに凝縮して伝えるとか、抽象化できる生き物はいないのではないでしょうか。

交通、流通、金融、教育など、どの単語一つをとっても、その短い言葉のなかに、実にさまざまな機能と働きがおさめられています。私たちは言葉を使うことによって、たくさんなことを考えることができるのです。たとえば、化学、物理、数学といった領域では、記号とか数式を使って、非常に複雑で高度な内容を構成し、表現し、伝達しています。こうしたことも、一種の言葉によるコミュニケーションだと言えるでしょう。

ですから、何かを考えるということは自分の頭のなかで、言葉を媒介にしておこなっている行動なのです。私たちはいろいろなことを想像します。それも言葉を媒介にしている現象なのです。言葉がなければ、こうしたことをおこなうことも難しいでしょう。

子どもを見ていると、何かをやりながら独り言を言っています。「ハイ、ここを開けて」「ここに入れて」「ここを閉めて」「ハイ、でき上がり」といった具合にです。でも、自分のやるべきことや、これからやろうとしていることを声に出して言うのは、なにも子どもだけではありません。よくデパートやスーパーで、大人も商品を探しながら「冷凍のものはどこだったかな？」「パンはどこだろう？」と言ったり、品物を手にとりながら「傷はついていないかな？」とつぶやいています。声に出さなくても、品物を「かご」に入れるときに、「ひとつ、ふたつ、みっつ」と心のなかで言いながら勘定しているのです。

こうしたことをもっと積極的に取り入れて、書道の先生は「ここで力を入れて」「ここで跳ねて」といった具合に、子どもが筆で字を書いているそばで言ってあげています。こうしたことが、何度もおこなわれると、子どもは自分で字を書きながら、先生の言ったとおりのことを、声に出そうと出すまいと自分でするようになります。

スポーツでも同じようなことがおこなわれています。テニスの選手がボールを打つときに、「膝を曲げて」「ボールを押して」と自分に言い聞かせながら打つことはよくあることです。テニスにかぎりません、ボールを使うスポーツではボールを受けるときや打つときに、「ボールを見て、ボールを見て」とコーチが叫び、選手自身も自分に言い聞かせています。

3　言葉の難しさ

クライエントの話す言葉は必ずしも言葉どおりの意味で話されていないこともあります。ときには、話していることと別の内容、あるいは全く逆のことを意味していることすらあるでしょう。それは必ずしもクライエントが意識的に反対のことを言おうとしているのではなく、いつのまにか反対のことを話していることも少なくないようです。また、カウンセラーを喜ばすために、カウンセラーが喜ぶようなことを言っていることだってあります。

とくに、普通の日常生活のなかでは、私たちはよくお世辞を言ったり、たいしたことでなくても相手を誉めたり、感心してみせることが少なくありません。また逆に、話したことを自分が意図した意味とは全く逆にとられてしまうこともよくあります。ですから、言葉というのは、必ずしも「言ったとおり」「聞いたとおり」ではないことがあることを覚えておきましょう。

クライエントが自分の気持ちや考えを率直に言ってくれていれば、それは嬉しいことです。しかし、事実と違うことを言ったとしても、それを非難しないでください。クライエントはまだカウンセラーに正直に自分の気持ちや考えていることを、話すことができない事情があるのです。

これまで多くの人に裏切られたり、だまされたり、捨てられたりしてきたのかもしれません。そのため、カウンセラーに対して「この人は本当に信頼しても大丈夫なのかな？」という疑問と不安を感じているのです。そうしたときには、信頼関係ができあがるまで待ちましょう。もちろん、嘘の申告は指摘しなくてはならないときもあります。しかし、そうしたときでも、クライエントの気持ちをおもんばかりながら、「あなたの言っておられることと、実際に拝見したこととは違うように見えるのですが」といった言い方をするほうが、一般的には良いようです。

クライエントの苦しみを理解しながら、同時にクライエントのつく嘘を指摘することはとても難しいことです。一つの方法は、カウンセラーがクライエントの嘘によってどんな気持ちを味わっているかを伝えることです。「あなたが言われたことは、私たちが調べたこととかなり違っているのです。担当者としては、本当のことを言っていただけなかったことは、とても辛いし残念です」とカウンセラーの気持ちを相手に伝えるのもよいでしょう。これなら非難している感じはずいぶん少ないと思います。それでいてカウンセラーの気持ちがクライエントに伝わるに違いありません。

カウンセラーはいつもクライエントを助けたい、安心させたい、重荷を軽くしてあげたいと思っています。しかし、だからといって、安請け合いは禁物です。つまり、クライエントの状態が非常に難しい、ときには危険ですらあるときに、軽々しく口先だけで「大丈夫、大丈夫」と言うことは慎むべきでしょう。クライエントを励ましてあげることは、いいことです。でも、単なる気休めを言うのではなく、クライエントが話すことに十分耳を傾け、気持ちをくんで「わかった」ということを伝えることが大切です。

クライエントにとっても事実を話し、考えていることをカウンセラーに伝えることはとても難しいことだと思います。その理由のひとつは、言葉にはかならず感情が含まれているからです。そのことは、カウンセラーがクライエントに何かを話しているときにも当てはまるでしょう。カウンセラーだって人間です。自分の心のなかにある気持ちが、クライエントに話す言葉の背後に隠されていたり、態度や話すときの声の大きさ、言葉の抑揚、話すときの調子の高い低いに出てくることだってあることに注意しましょう。

4　傾聴再考

何度も取り上げましたが、カウンセリングのあらゆる学派に共通なことは、まず「聴くこと」だと思います。来談者中心療法、精神分析療法、行動療法など立場は違っても、まずクライエントの話すことを聴くことから出発しなくてはなりません。

来談者中心療法では、傾聴をカウンセリングの中心に置いています。精神分析では、患者が頭に浮かんでくることを何でも語る自由連想法のようなことを含めて、自分の生い立ちや苦しんでいることなどをどんどん話すカタルシスを大切にし、そこから問題を掘り下げ、転移が起こり、解釈までもっていきます。行動療法では、クライエントの訴えを聞き、尋ね、行動分析をするのですが、行動療法の本のなかには、あまり傾聴とかカウンセラーとクライエントの人間関係の重要性といったことは書かれていません。しかし、そうしたことがあまり取り上げられていないからといって、軽視されているわけではないのです。行動療法の前提として、そうした要素はすでに存在していることとして書かれている点に注意していただきたいと思います。学派は違っても、カウンセリングはすべて聴くことから出発しているのです。

カウンセラーはクライエントが話すのをただ聞いているだけではありません。クライエントが何を訴えたいのか、何を伝えたいのか、クライエントの立場にたちながら、そのメッセージを理解することが大切です。そこには、全勢力を傾けて聴くという、真剣さと集中力が不可欠です。そして、何を語っているのかを聴きとり、理解する力、正しく判断する力も必要です。この理解力と判断力は、クライエントが言葉で語っていることを理解するだけでなく、その背後にあるクライエントの気持ちを感じとり、見つけ、理解することができなくてはなりません。

そして、「わかった」ということをクライエントに伝えることが必要です。「わかった」ということは、理屈や論理の世界だけではなく、感情の世界をも含むのです。そして、「わかりました」を伝えるのは、言語のレベルだけではなく、非言語のレベルでも伝えることが必要です。

カウンセラーが「わかりました」ということが、クライエントに伝わるためには、カウンセラーは自分をクライエントの立場に置いて、クライエントが見るようにものごとを見て、クライエントが感じるように感じるということが大切です。

誰よりもクライエントの語ることに耳を傾けることを重視したカール・ロジャーズは傾聴の要素として、

明確化、

置き換え、

感情の反射、
要約、
沈黙の尊重、
をあげています。

A　明確化

明確化は、私が面接中によく使う「と、おっしゃいますと?」「どういうことでしょうか」といった簡単な疑問型の言葉を使っておこなうことができます。それに続いて、「○○といったことを言っておられるのですか」「あなたの言われていることは○○なのでしょうか」といった言葉で、よりはっきりさせることが可能です。

クライエントが話した内容のなかで重要なポイントを、カウンセラーがクライエントに同じ意味の言葉を返すことによって、クライエントが何を言おうとしていたかをはっきりさせることができます。もし、カウンセラーが間違って受け取っていれば、クライエントはそれを訂正するでしょう。また、カウンセラーがクライエントの話していることを一生懸命聴いていることを伝えることができるはずです。同時に、クライエントにクライエント自身が何を言ったかを確認してもらっているわけです。さらに、クライエントに自分が話したことを、もっと詳しく説明してもらうことが可能になります。

クライエントはカウンセラーにさまざまなことを話しながら、それについて考えている場合が少なくありません。そんなときには、カウンセラーがクライエントの話したことを繰り返すなり、「○○のことをおっしゃりたいのですか」といった具合に、クライエントの話したことを投げ返すことにより、クライエントは自分の話したことを再確認したり、もう一度考えることができるわけです。

クライエントの話すことは、必ずしもはっきりしているとは限りません。とくに、心のなかで、「好きなんだけれども嫌い」「行きたいけれども行きたくない」といった異なったあるいは相反する、複雑な心境でいることも少なくありません。そんなときに、たとえば、「あなたは子どもさんは可愛いけれども、ときどき嫌になったり重荷に感じたりすることもあるのでしょうか」と、クライエントが子どもに対して感じているアンビバレンツつまり相反する気持ちを言葉にして指摘することも、明確化のひとつの方法でしょう。

また、「と、おっしゃいますと?」と質問のかたちで反応するのと同じように、「今話されたことを、もう少し説明してくださいませんか」とさらに深く掘り下げることも、明確化のひとつのやり方でしょう。

とくに、カウンセラーがクライエントの話したことを、十分理解できていない場合や、クライエントがはっきりと自分の考えを話せていないときに、①カウンセラーがあせったり、急ぎすぎることを防ぎ、カウンセラーの理解を助ける役目をしますし、クライエントに十分話をしてもらう機会にもなるわけです。それによって、カウンセラーがクライエントの話を簡単に結論づけることを防ぐことができます。②クライエントに自分の話していることをもっと深く掘り下げてもらうことが可能になります。③クライエントが自分の考えを見つめるきっかけを提供します。④クライエント自身が何を話しているかを正確につかむことは、クライエントにとっても、カウンセラーにとっても非常に大切なことだと思います。

公式的になりますが、明確化をするには、まず「と、おっしゃいますと？」といった、ややはっきりしない、かなり曖昧な言葉で質問することによって、「もっとお話しください」というこちらの意図を相手に伝え、クライエントに話すことをすすめ、それに耳を傾け、それから「○○ということをおっしゃりたいのでしょうか」と焦点をしぼっていくのがいいでしょう。

もちろん、「と、おっしゃいますと？」という問いかけは、言葉で尋ねなくても、顔をやや下に向け、目をクライエントに向けるといった顔の表情とか身体を前に乗り出すといった、非言語的な方法でも尋ねることもできます。クライエントが非言語的な方法で自分の気持ちや考えを伝えるように、カウンセラーも非言語的な方法で、相手にメッセージを伝えていることを理解しておくとともに、そうした方法を意図的に使えるようにしておきたいものです。

B　置き換え

クライエントが話すのを「一生懸命に聴いていますよ」と相手に伝えるために、クライエントの話したことをすべて「オウム返し」にするカウンセラーがいます。たしかに、それによって「聴いていますよ」ということは、クライエントに伝わるでしょう。しかし、それを多用すると、クライエントは「なんだ、この人は私の言うことを繰り返しているばかりではないか！」と不愉快に感じるようになるでしょう。そうした落とし穴に入らないためにも、クライエントが話したことを、別の言葉に置き換えて返すほうがいいようです。

クライエントの話した内容を投げ返す、つまり「内容の反射」の効果があるとすれば、それはクライエントに自分が話していることを、もう一度見つめてもらう機会を提供することでしょう。ただ、この方法を多用すると、面接が同じところをぐるぐる回ってしまう危険もありますから、そうした「落とし穴」に入らないように気をつける必要があるでしょう。そのためには、カウンセラーが、クライエントが話しているさまざまな内容のなかで、これは大切だと思うことのみを取り上げて、カウンセラーの言葉で「あなたの話しておられることは○○ですね」とか「あなたのお話をうかがっていると、○○だと言っておられるように思えるのですが」といった具合に投げ返すのがよいでしょう。

それにより、クライエントは自分の考えていることを、いままで以上にはっきり見つめることができるようになります。その結果、自分の考えをより良く、より深くカウンセラーに伝えることができるようになるでしょう。

また、クライエントが大切な内容なりポイントから外れてしまった場合、クライエントがすでに話したことのなかから、重要だと思われるポイントをカウンセラーが取り上げることにより、元の「ところ」へ戻ることができるようになります。

クライエントが、

「先生、私は子どもの頃から父親の仕事を継がなくてはいけないと思いこんできました。父はいつも姉と私を怒鳴りつけ、ああしろこうしろと命令していました。それが怖くて、私は父の言いつけをひたすら守ってきたのです」

と言ったとしましょう。

それに対して、カウンセラーが、

「あなたは子どもの頃から、お父さんの仕事を継がなくてはいけないと思いこんできたのですね。それに、お父さんはお姉さんとあなたにああしろこうしろと命令してきたようですね。そして、あなたたちはその言いつけ通りにしていらしたわけですね」

と言ったらどうなるでしょう。

これではクライエントは「私の言い方のどこが悪いのだ！」と思うに違いありません。

もちろん、何が重要かは、多くの場合、クライエントが話す内容だけではなく、クライエントの気持ち、つまり感情に表われることが多いでしょう。したがって、カウンセラーはクライエントの話す内容と同時に、常にクライエントの感情（気持ち）に目を向けていなくてはなりません。

カウンセラーは、クライエントの考えと感情の両方を取り上げることが大切です。そのなかでも、「明確化」はどちらかというと、思考という内容に目を向ける方法です。したがって、明確化と同時に、次に述べる「感情の反射」を常に用いることが大切だと思うのです。

ただ、「明確化」も「感情の反射」も、カウンセリングの技法です。カウンセリングの技法というものは、すでに何度も指摘したように、カウンセラーの純粋な温かさ、まごころ、クライエントの受容、クライエントの尊重、カウンセラーの慎重さ、といったものに裏付けられたものでなくてはなりません。

前の節で取り上げた、「明確化」が大切なのは、クライエントに「あなたの話を一生懸命に聴いていますよ」ということを伝えることができる点です。もちろん、この方法はカウンセリングの技法のなかでも非常に大切なものですが、同時にカウンセラーの真剣さ、熱心さ、純粋さ、温かさ、といったものに根づいたものでなくてはなりません。単なる口先だけの言葉では、クライエントは「なんだ、この人は口では一生懸命に聴いているようなことは言っているけれども、それは口先だけだ」と思うに違いありません。

C　感情の反射

ロジャーズのカウンセリングへの貢献の一つは、「感情の反射」という技法を確立したことだと思います。彼は「感情の反射」を非常に重視したために、また初期の段階で自らもそう名付けたように、彼の面接方法は「非指示的カウンセリング」と呼ばれていました。もちろん、その後、彼は自らのアプローチを「来談者中心療法」と呼び直しましたが、彼の面接方法のなかで、クライエントの感情を取り上げて、それをクライエントに「あなたの気持ちは○○なのですね」と投げ返すことは、とくに重要な技法だと思います。

〈なぜ感情の反射か〉「あなたがお話になっていることを一生懸命に聴いていますよ」ということを、クライエントに伝える方法が「感情の反射」です。これまで何度も述べたように、クライエントが話している内容のなかにどんな感情が含まれているか、クライエントは話しながらどんな気持ちを味わっているかを察して、「あなたのお気持ちは○○なのですね」と言葉に出して言うわけです。これにより、クライエントは、「この人は、私の気持ちをわかってくれる」と思えるに違いありません。このことはカウンセリングを進めるうえで、非常に大切なことです。そこにクライエントのカウンセラーに対する信頼感と「わかってもらえる」という安心感というか安堵の気持ちが生まれてくるのです。

クライエントがそうした気持ちを味わえたときに、自分の心のなかのもっと深いところにある内容を、率直に話すことができるようになるのです。それは悲しみとか怒りといった否定的なものかもしれませんし、嬉しさとか安堵といった肯定的なものもあるでしょう。これは、クライエントにとっては、非常に大きな支えになるし、カウンセラーとの心理的な距離を近づける経験になります。多くの人たちにとって、自分の気持ちを他者に理解してもらえるという機会は、そんなにあるものではありません。その結果、自分の考えだけではなく、自分の気持ちを伝えることをあきらめてしまい、心の奥底に押し込めてしまうのです。そして、それが積もり積もって、心の負担になってしまうようです。

もちろん、「感情の反射」によって、クライエントが「自分の気持ちをわかってもらえた」という感覚というか安堵の気持ちを味わってもらうことは大切です。しかし、もっと大切なことは、それによってクライエントが「クライエントの置かれている状況」とか「クライエントの抱えている問題」が何であるかを理解できるように助けることです。こういったことは、クライエントにかぎりません。どんな人でも何かをする場合に、それは十分に考えてからおこなうよりも、感情にしたがってやっていることのほうが多いようです。少なくとも、カウンセリングで取り上げるようなことがらは、さまざまな形とレベルで感情と結びついています。もちろん、クライエントが味わっている（感じている）気持ちは、一つではありません。クライエント自身が気づいていなくても、同じ状況、行動、人間に対して、肯定と否定、喜びと困惑、積極と消極といった具合に相反する気持ちを感じている場合が少なくありません。

また、クライエントのなかには、カウンセラーあるいはカウンセリングに対して、怒り、疑問、不快、といった否定的な気持ちを抱いていたり、またそうしたことを口にする人もいます。そんなときに、カウンセラーは「自分が攻撃されている」と感じ、どうしても防衛的になるものです。こうした場合には、カウンセラーが「感情の反射」を使うことによって、「あなたのお気持ちはわかりますよ」ということを、クライエントに伝えて、クライエントの否定的な気持ちを緩和させることが可能です。少なくとも、クライエントは「カウンセラーは私の気持ちをわかっている」「自分の気持ちは否定的なものだけれども、カウンセラーはそれを受け入れてくれている」という気持ちを味わうことができます。こうした経験を積み重ねることによって、クライエントは次第にカウンセラーに対して、自分の心を開き、カウンセラーに対する気持ちも否定的なものから肯定的なものへと変わっていくのです。もちろん、そのプロセスは時間がかかり、ゆっくりとしたものであることが多いでしょう。しかし、それがカウンセリングであり、援助のたどる過程なのです。

〈クライエントに自分の気持ちを理解してもらう〉　カウンセリングを進めるにあたって、もう一つの大切なポイントは、「感情の反射」によって、クライエントが自分の気持ちを見つめ、「自分の気持ちは○○だったのか」という理解をもつようになってもらうことです。そして、それを可能にするのが「感情の反射」を通して、「このカウンセラーは私の気持ちをわかってくれている」という安堵感であり、「受け入れてもらっている」という気持ちだと思います。また、それがカウンセリングの進展を支えてくれるのです。こうした点を考えると、「感情の反射」つまり、カウンセラーがクライエントの気持ちに焦点を当てることがいかに大切であるかが、おわかりいただけるでしょう。

「感情の反射」はクライエントの態度や気持ちを、カウンセラーが自分の言葉で再構築することによって、クライエントの気持ちを鏡に映しだすような方法であることは何度も述べました。なぜ、カウンセラーはクライエントが話した言葉と違う言葉を使うのでしょうか。すでに「明確化」や「置き換え」のところでも述べたように、クライエントが話した言葉をそのままカウンセラーが繰り返しているると、クライエントは「私の話し方のどこが悪いのだ！」「このカウンセラーは、私の話していることを繰り返しているだけではないか！」といった気持ちになるに違いありません。

カウンセラーはクライエントが言葉で表現しにくい感情もたくさんあることを理解しておく必要があります。そして、クライエントの気持ちは言葉で表わされないで、言葉の背後あるいはノンバーバルというか、非言語的な表情とか姿勢といった形で表われてくることが少なくありません。また、仮に言葉で自分の気持ちを話しても、心のなかでは相反するアンビバレンツな感情を味わっていることも少なくないでしょう。そんな場合には、その相反する気持ちを言葉に出して「あなたは〈自分のことは自分で決めたい〉と思われる反面、一人でお決めになるのはどうも心細いといった気持ちを味わっておられるようですね」と反射するのもいいでしょう。

〈感情の発見〉カウンセリングは、海の上を小舟やヨットで渡るようなもので、航海するためには水面の波にも気をつけないといけませんが、それ以上に水の上だけではあまりわからない潮の流れにも十分注意しなくてはなりません。水面に表われる波というのは、話の内容であり、言葉で表わされる喜怒哀楽であり、水面下の潮の流れとは表情、動作、姿勢に表われる感情であったり、言葉では表現されませんが、カウンセラーが感じるクライエントの気持ちのことです。

言葉で語られる感情、言葉の背後にある感情、そして言葉ではなく非言語的つまりノンバーバルな方法で表わされる感情と、クライエントの気持ちはいろいろな形で表現されます。そして、それを理解することはなかなか難しいものです。そこで、まずクライエントが話した言葉のなかに表われる感情を取り上げることから始めてみましょう。

クライエントの感情は大別すると幸せ、恐れ、嫌悪、怒り、悲しみ、の五つに分けることができるのではないでしょうか。
まず、その五つの感情を表わす言葉をできるだけたくさん書いてみましょう。

・幸せを表わす言葉としては
嬉しい、楽しい、喜ぶ、いい気持ち、気分がいい、満足、よかった、最高だ、素晴らしい、安心できる、暖かい、明るい、感謝したい、信頼されている、わかってもらえた、満たされている

・恐れを表わす言葉としては
不安だ、こわい、心配だ、心細い、おびえる、気になる、ふるえる、びくびくする、おじけづく、ひるむ、どうしていいのかわからない、おののく、動揺する、すくむ、目を逸らしたくなる、緊張する、逃げ出したい、どきどきする

・嫌悪を表わす言葉としては
汚い、嫌い、気持ちが悪い、いや、うっとおしい、うざい、くさい、うるさい、苦しい、辛い、いやらしい、おぞましい、気色悪い、気分が悪い、みにくい、暑苦しい、息苦しい、痛い、気味が悪い、暗い、けむたい、避けたい、さむい、騒がしい、はきけ、腹が立つ

・怒りを表わす言葉としては
腹が立つ、頭にくる、はがゆい、いらいらする、むかつく、はらわたが煮えくりかえる、許

せない、口惜しい、怒る、憎らしい、殺したいくらい、嫌だ、嫌いだ、カチンときた、かっとなる

・悲しみを表わす言葉としては

がっかりする、なさけない、やりきれない、気落ちする、肩身がせまい、かわいそう、淋しい、涙が出そう、せつない、悲しい、落胆する、みじめだ、悩んでいる、泣きたい、痛々しい、哀れな、胸がしめつけられる、辛い、暗い、死にたい、苦しい、わびしい、残念だった、屈辱的、絶望的、後悔している

次に、クライエントのノンバーバルな行動から感情というメッセージを読みとりましょう。姿勢、顔の表情、声の高低や調子あるいは話し方などから、相手の気持ちは理解できるものです。ことによると、言葉よりも非言語的なコミュニケーションのほうが、クライエントの気持ちをより正しく表現しているかもしれません。ノンバーバルな表現については第6章をご覧ください。

また、すでに何回も指摘したように、「感情の反射」はクライエントの話している言葉の背後にある気持ちを、カウンセラーが「○○さんのお気持ちは××なのですね」とか「○○さんはこんな気持ちを味わっていらっしゃるのではありませんか」といった具合に柔らかくさりげなく表現することが大切だと思うのです。ただ、この場合、クライエントの気持ちというか感情の深さとうまく合致した言葉を選ばないと、クライエントは「私の気持ちはそんな簡単なものではない」とか、逆に「私はそ

んなことまでは感じていない」といったミスマッチが起きてしまいますから十分注意をしたいものです。

もちろん，感情を反射するだけでは余りにも漠然としてしまうような場合には，
「職場を去らなくてはならなかったことについて，随分お怒りでしょうね」
「なぜ，自分だけ希望退職というかたちを取らされるのかということに，随分ご不満を感じてらっしゃるようですね」
「新しい仕事につくための試験を受けることに，かなり不安をお感じになっておられるようですね」
もう少し柔らかく，不安を少なめに反射したいときには，
「試験をお受けになることは，結構気が重いことですね」
と言葉を和らげることもできるでしょう。こんな具合に，状況についてクライエントの気持ちを明確にするわけです。

カウンセラーが感情の反射を使って，クライエントの気持ちを取り上げた場合に，その「反射」がクライエントの気持ちを正確に取り上げているならば，クライエントは「そうなんですよ」とカウンセラーの言葉に賛成するでしょう。もし，カウンセラーの反射がクライエントの気持ちを正確に取り上げていなければ，クライエントは当然否定するか，否定しないまでも，それに賛成しないでしょう。こうした場合，カウンセラーは率直に自分がクライエントの気持ちを十分把握していなかったことを，自らに認め，クライエントに「どんなお気持ちかもう少し説明していただけますか」と尋ねる

勇気をもちたいものです。

「感情の反射」はクライエントとカウンセラーの間の人間（援助、治療）関係を築くために、極めて大切な「もの」です。これは技法ということもできますが、もっと人間的というか、心のこもった触れあいのような感じではないかと思います。したがって、カウンセリングの過程を通じて、常に大切なものですが、とくに初期の段階では不可欠な方法だと言えるでしょう。「感情の反射」を用いて、クライエントの気持ちに焦点を当てることによって、クライエントは「この人は私の気持ちをわかってくれる人だ」という信頼感をカウンセラーに抱くようになれるのです。ですから、カウンセラーがどんな立場であるかとか、どんな学派に属するかに関係なく、「感情の反射」は非常に大切なカウンセリング技法だと思います。

〈感情の発見の練習〉 ここで、感情の発見の練習をしてみましょう。

【練習1】 卒業できないことを隠していた息子

「子どもが四年間大学に在学していたのに、卒業できないんです。それも、二年前からわかっていたのに、息子は全然そんなことを私に言わなかったんですよ！」

この母親の言葉とその背後にどんな感情があるのでしょうか。

怒り、不満、情けない、腹立たしい、恥ずかしい、悲しい、落胆、残念、裏切られた、辛い、その他。

このうち、どの感情を反射するのが、最も適切でしょうか。

クライエントの怒りや落胆の原因は、①子どもが落第したこと、②子どもが二年前にわかっていた落第を、自分に言わなかったこと、③その両方、が考えられるかもしれません。

【練習2】　家出をしたい少女の例

「お父さんはどこかへ行ってしまったし、お母さんは私をぎゃーぎゃー怒鳴るばかりなの。うるさいったらありゃしない。こんな家に友達は来てくれないし、来るといっても私は恥ずかしいから誰も連れて来られない。私は友達の家に逃げていきたい。もうお母さんとの生活はまっぴらよ」

このクライエントの言葉の背後にどんな気持ちがあるでしょうか。感情を反射してみましょう。

クライエントの気持ちは、①お母さんに腹を立てている、②お父さんへの怒り、③お母さんに耐えられない、④友人が家に来てくれないので淋しい。クライエントが感じている感情は一つではありません。同時にさまざまな感情を味わっていますし、面接中のクライエントとカウンセラーのやりとりという経過のなかで、さまざまな感情が現れてくることは当然です。

面接の経過とともに、クライエントは多くの感情を経験し、それを話しますが、そのなかでも、何度も何度も繰り返し出てくる「テーマソング」のような感情に目を向けることが大切です。こうした繰り返し出てくる感情は、ある一つの面接のなかでも起こるでしょうが、数回の面接を通して共通なものである場合も少なくありません。いずれにしろ、こうした感情は、クライエントが味わっている非常に重要な気持ちであり、カウンセラーに訴えたい気持ちでもあるわけです。

したがって、カウンセラーはこうしたテーマソングのような感情を、「この数回の面接を通じて、あなたはお母さんに対する不信と怒りといったことを何度も話されました。しばらくの間、このことを取り上げてはどうでしょうか」と話すのもいいでしょう。また、別のクライエントの場合には、「今日のあなたのお話をうかがっていると、職場でも、それ以外の場所でも、あなたはいつもまわりの方に受け入れてもらいたいというお気持ちがとても強いようにみえるのですが……」と言うのもいいでしょう。

こうした具合に、クライエントが繰り返して述べた感情を取り上げることにより、クライエントが漠然としか感じていない自分の感情や問題のなかで、最も大切なポイントに注目させることが可能になります。

しかし、クライエントの話している内容に耳を傾けるだけではなく、その底に流れているさまざまな感情のなかから、最も大切な感情や内容を選び出すことは、簡単なことではありません。カウンセラーは十分に話を聴くだけではなく、さまざまな内容と感情を吟味し、どれが大切であるか、どれを取り上げてクライエントに反射すべきか、どんな言葉を使うべきかといったことを、相手の話を聴きながら考え，判断を下さなくてはならないのです。

【練習3】 仕事に悩む会社員

「今の仕事は泥沼に入ってしまったような気がするんです。朝早くから出勤し，夜遅くまで会社に残って，やってもやっても，成果が上がらないし，上司にも認めてもらえないんです。今の仕事を続けていても，将来への希望はないように思えます。いっそ，会社を辞めようかとも思っているのです」

クライエントの気持ちを表現するには，次のどれが一番適切と思われますか。

残念　がっかり　辛い　さみしい　心細い　怒り　くやしい

〈カウンセラーが犯しやすい過ち〉 これまでの説明でおわかりのように，カウンセラーにとって上手にクライエントの感情をつかみ，効果的に反射することは，決してやさしいことではありません。ともすると，カウンセラーはクライエントの話した言葉をそのまま繰り返してしまいがちです。

クライエント「先生，私は子どもの頃から家業を継がなくてはならないと思いこんでいました。私の父はいつも姉と私をどなりつけ，ああしろこうしろと命令ばかりしてきました。それで私は父の言いつけをひたすら守り続けてきたのです」

カウンセラー「あなたは子どもの時から家業を継がないといけないと教え込まれてきたのですね。お父さんからあなたとお姉さんはいつも命令ばかりされて、あなたたちはお父さんの言うとおりにしてきたのですね」

カウンセラーがこんな調子でクライエントを面接していたのでは、相手は「なんだ、この人は私の話すことをそのまま繰り返しているだけじゃないか」という気持ちになるでしょう。この場合、「お父さんの命令に逆らうのは難しかったのでしょうね」と言えば、単なる繰り返しではなく、しかもクライエントはカウンセラーが自分の気持ちを理解してくれたことを感じることができるし、さらに深い感情のレベルへ入っていけると思います。

クライエントが次のように言ったとしましょう。

「私は大学の研究室に残りたいのです。でも、それには、あと五年も六年も大学院に行き、その後も自分のポストがもらえるかどうかわからない不安定な生活が続くと思うのです。それではとても結婚なんていうことは考えられません。それにクラスメートの彼女はとてもそんなに長いあいだ待ってくれないでしょう」

それに対して、カウンセラーが「あなたは研究室に残りたいのですが、同時に結婚もしたいのですね」と言ってしまうと、余りにもクライエントの気持ちを浅くとらえている感じになるでしょう。これから何年も大学院で勉強をし、さらに研究室勤務という将来が不安定な生活を続けたいのだけれども、それではガールフレンドとの将来設計の見通しが立たないといった悩みを表面的にだけ理解しているように感じられます。

しかし、「あと何年間も独りぼっちの生活ということは、耐えられないほどの淋しさでしょうね」と言ったのでは、あまりに深すぎる反射ではないでしょうか。このクライエントは大学院に進んだからといって、ガールフレンドと別れるわけではありません。この場合、「あと五年とか六年というと随分長く感じられるでしょうね」とか「研究生活と結婚の板ばさみを感じていらっしゃるようですね」といった反応が適切なレベルではないでしょうか。

感情の反射は、クライエントが味わっている気持ちを新しい言葉に置きかえて鏡のように写し出すものであって、クライエントの感情や話の内容に新しいものをつけ加えたり、差し引いたりすることは慎みたいものです。

クライエントが「先生、大学を出ていない僕が今の会社にいても、将来出世することはできないし、早く転職したほうがよいのではないかと思うのです」と話したとしましょう。この場合、もしカウンセラーが、「あなたは今の会社に愛想をつかし、生きていく目当てもなくなってしまったようですね」と言ったのでは、あまりにも来談者の気持ちを深読みしすぎているのではないでしょうか。このクライエントは今の会社で働き続けることに疑問を抱いて、別の職場に変わることを考え、将来の計画を模索し、またその準備を進めようとしているのです。ですから、決して「生きる希望」を失っているわけではありません。

ここでカウンセラーが「あなたは将来会社のなかで偉くなりたいのですね」と言ったならば、クライエントの現在の会社での悩みとか、将来への不安といったものがあまりにも簡単なものとしてしか取り上げられていません。

このように、感情の反射は、簡単なことのように見えますが、いざ実際にやろうとすると、結構難しいものです。うっかりすると、クライエントの目を通して感情を見るのではなく、カウンセラーの目を通してクライエントの感情を見てしまうことになりかねません。

D 要約

クライエントのなかには、話があっちに飛んだり、こっちに飛んだり、さまざまなことを話す人が少なくありません。しかし、記録を書きながら注意してみると、くねくね曲がったり、飛んだりしているる内容のなかにも、いくつか大切な内容があることに気がつきます。カウンセラーはクライエントの話すすべてのことに耳を傾けなくてはなりませんが、こうした繰り返し出てくる内容にはとくに注意をはらうことが必要です。

クライエントが「初対面の人に会うときに緊張する」といったことを話したとしましょう。しかし、このクライエントの「緊張」するのは初対面の人だけではなく、上司とか社会的な地位の高い人に会うときも「緊張」しているのです。こうしたことをクライエントが何度か話した後で、カウンセラーは「○○さんは、初対面の人だけではなく、上司とか目上の人に会うときにも、緊張なさるように思えるのですが」といくつかの状況でのできごとをまとめて話すのが「要約」です。

この要約の目的は、①クライエントの話が散漫になったり、焦点を失いかけたときに、大切なポイントに話を戻すことができます。②また、クライエントに自分がどんな状況にあるか、何を話してきたかを鏡のように写し出し、それを「投げ返し」ているのです。つまり、一種のフィードバックをおこなっているわけです。③そして、どの面接にでも現れるテーマソングのようなクライエントの話の旋律（大切な問題）に耳を傾け、見つめることをうながすことができます。カウンセラーのこうした指摘は、クライエントが大切な問題からどんどん離れていってしまうようなときに効果的でしょう。また、クライエントが機関銃を撃つようにたて続けに話すのを、少し落ち着かせる役を果たしてくれることも少なくありません。④さらに、何回かの面接を振り返って、クライエントの進歩や変化を指摘することが可能です。こうしたことは、継続的な面接を続けていくときに、ときどきカウンセリングの過程を振り返り、その変化を吟味するという意味からも大切でしょう。

たとえば、ある女性社員が、「私は大学時代から男の人には負けることはないと自信をもってやってきました。大学のときの成績もトップでしたし、会社に入ってからも営業の第一線で頑張ってきたつもりです。ですけど、日本の企業のなかというのは、女性がいくら努力して、良い仕事をしたとしても、どうすることもできない厚い壁のようなものがあるような気がします。それで、このまま会社で働いて使い捨てになるくらいならば、大学院に入って本格的な勉強をするか、留学したほうがいいのではないかと思ったりするときがあるのです」と語ったとしましょう。

この場合、カウンセラーは「今の会社で働くことが、あなたのキャリアとして果たして良いのか、いろいろ考えていらっしゃるのですね」あるいは「今のお仕事を続けていくのが良いのか、それとも新しい方向を歩むべきか模索しておられるのですね」といった具合に、クライエントの話したことの重要なポイントを要約して投げ返すことが、クライエントの話の重要なポイントに焦点を合わせることになると思います。

実際の面接では、クライエントの話は、前頁の例のように簡潔ではありません。あっちに行ったり、こっちに行ったりします。ですから、カウンセラーはクライエントの話した内容を頭のなかに符号でもつけておくように整理しておく必要があるでしょう。もちろん、実際には、符号を使ったり番号をつけたりするわけではありませんが、経験を積むとどれが大切なのか理解し整理しておくことが可能です。もちろん、これはカウンセラーが自分の頭のなかでするわけで、すぐに言葉に出して言うわけではありません。一方で、カウンセラーはこうした内的な整理をしながら、クライエントの話を聴き続けていかなくてはなりません。しかし、私たちはカウンセリングでなくても、日常生活のなかでも、相手の話を聴きながら、さまざまなことを考えていることが少なくありません。ですから、ちょっと努力し練習すれば、こうしたことを実行することができるようになります。私はよく学生諸君に「頭の前のほうでは、クライエントの話すことを一生懸命に聴きながら、頭の後ろのほうでは話された内容の意味とか大切さといったことを考えていなくてはならない」と話しています。

整理するためには、クライエントが繰り返し話すこと、クライエントが苦しんでいること、疑問に感じていること、迷っていること、取り組んでいることなどに注目することです。こうした内容はクライエントが考え，悩み，追求しようとしていることです。したがって，「○○なんですか」と質問するよりも，「○○なんですね」と語尾を下げて投げ返すほうが，疑問型で返すよりも要約の意図に合っているのではないでしょうか。

E　沈黙の尊重

黙っていることがカウンセリングの技法であるというのはおかしいようですが，クライエントが黙っていることを大切に見守ることも，援助の過程ではとても大切なことだと思います。たしかに，一般の日常生活では，話題がなくなり，会話がとぎれると，なにか白々しいというか，気詰まりな雰囲気が漂ってしまいがちです。ですから，私たちは沈黙を歓迎しませんし，できるだけそれを避けようとします。ですから，カウンセラーとしての訓練を十分に積まないと，クライエントの次の言葉を待って相当長い間，沈黙を守るというか尊重するということは苦痛に感じられると思います。とくに，多くのカウンセラーが面接中に沈黙が起こった場合に感じる心理的な重荷は，クライエントが「このカウンセラーは黙っているだけで，何もしてくれないじゃないか」と思うのではないかという不安だと思います。

〈なぜクライエントは沈黙するのでしょう〉沈黙といっても，それがクライエントが始めた沈黙か，カウンセラーの話の後で起こった沈黙かで，少し意味合いが違うように思います。また，クライエントの沈黙でも、カウンセリングの初期の段階と相当進んでからの沈黙とでは、その意味が違うことが多いようです。

きわめて大ざっぱな分け方ですが、カウンセリングが始まったばかりの頃に起こる沈黙は、クライエントの恥ずかしさとか不安を表わしていることが多いようです。一方、カウンセリングがかなり進んでからの沈黙は、クライエントの依存傾向を示したり、沈黙の背後にさまざまな感情を含んでいるときのようです。

沈黙にも否定的なものもあれば、肯定的なものもあるでしょう。私たちが日常生活で経験する沈黙は前にも説明したように、相手を黙殺する、冷ややか、恐ろしさ、不安、困惑、依存、恥ずかしさ、抵抗といったものなどが多いようです。もちろん、黙って温かく見守るといった場合もあるでしょうが、沈黙というのは概して否定的なものです。したがって、カウンセラーも面接中に沈黙が起こると、それは困ったものと考えたり、慌ててしまいがちです。

しかし、クライエントがこれまで心のなかに「ためていた」さまざまな思いをカウンセラーに打ち明けることができて、「やれやれ言えた」という一種の安堵のような肯定的な沈黙もあるでしょう。また、自分がこれまでカウンセラーと話し合ってきたことを思い浮かべて、その内容をもう一度検討している場合もあるに違いありません。

さらに、クライエントが自分の心のなかにある思いを、カウンセラーに話そうか、話さないでおこうか思案しているといったアンビバレンツな気持ちというか、二つの相反する気持ちの板挟みになっていることもあるでしょう。あるいは、一つのことを話し終えたので、次に何を話そうか、「ちょっと一服」というか「何を話せばいいのかな」という一種の空白状態の場合もあるに違いありません。また、心のなかでさまざまな気持ちを感じていながら、それをどんな言葉で、どう表現すればよいのかと考えているときなのかもしれません。このように、面接中の沈黙にはさまざまな理由があると考えられます。

〈沈黙の使い方〉　一般的にいって、肯定的な沈黙の場合には、そのままクライエントの沈黙を尊重し、カウンセラーも黙っているほうが良いことが多いようです。とくに、クライエントがこれから何かを言おうとしているときとか、問題の内容とか性質を考えているような場合には、カウンセラーが発言してクライエントの思考の流れを乱すようなことは避けるべきでしょう。

しかし、カウンセリング関係ができ上がる前の段階で、恥ずかしさとか、不安、困惑、迷い、抵抗といった否定的な沈黙が続く場合には、あまりにも長い間沈黙が続くと、クライエントは「カウンセラーの機嫌が悪いのではないか」「カウンセラーは怒ってしまったのではないか」「黙殺されているのではないだろうか」といった不必要な心配をする危険があります。ですから、クライエントの沈黙を尊重してカウンセラーが黙っていることは大切ですが、その前提として、クライエントがカウンセラーに「受け入れてもらっている」「尊重されている」といった気持ちをもっていることが大切だと思います。多くの場合、こうしたカウンセリング関係は、カウンセラーが一生懸命に聴く、温かい微笑み、クライエントの気持ちをくんでそれを投げ返すといった一連の態度と行動を通してでき上がるのだと思います。

また、クライエントが「話そうか、話すまいか」となかなか決心がつかないような場合には、「ご自分が考えてらっしゃることを、誰かにお話になるということは、難しいことですね」とか「私たちにとって、非常に大切なことというのは、なかなか言葉では言い表わしにくいものですね」といった具合に、クライエントの味わっている気持ちを代弁することも、安心感を与えるに違いありません。こうしたカウンセラーの態度から、クライエントは「この人ならば話しても大丈夫だ」といった気持ちをもてるようになることが多いようです。カウンセラーが沈黙を尊重することは大切なことですが、まずそれ以前に、クライエントが「この人（カウンセラー）ならば嫌がられる心配はない」といった安心感をもってもらうことが前提になると思います。

多くのクライエントは、面接というのはカウンセラーのほうからいろいろ質問をし、それに対する答えを言ってくれると期待していることも少なくありません。ですから、カウンセラーが自分と対等な立場に立って話し合うという対話形式というものは考えたこともない経験かもしれません。こんなときには、クライエントが取り組んでいる問題について、「どんな状態かご説明くださいませんか」といった言葉で、状況なり事実なりを具体的に話してもらうことが沈黙を破るきっかけになることが多いようです。「クライエントが話すのを待ちましょう」というカウンセラーのクライエントに対する尊重の気持ちも、カウンセラーの表情ひとつで、相手に「このカウンセラーは私のことなんかどうでもいいんだ」とか「私のことを嫌がっている」といった具合に、カウンセラーが思いもしないような誤解を生じることも少なくありません。

カウンセリングでは、できるだけ早くクライエントの問題に入ることが望ましいわけですが、最初の頃に起きる「恥ずかしさ」のための沈黙ならば、クライエントに「どこに住んでいらっしゃるのですか」といった答えやすい質問から始めていくのも一つの方法かもしれません。

カウンセラーのほうから沈黙を破るべきかどうかは、非常に難しい判断です。一般的には「クライエントが始めた沈黙はクライエントが話すのを待ち、カウンセラーが始めた沈黙はカウンセラーが破る」と言われています。しかし、著者の恩師の一人で来談者中心療法の枠組みに近いポール・ジョンソン先生は、「一分間ぐらいの沈黙は、尊重し黙っているが、それ以上沈黙が続いてクライエントにとってもカウンセラーにとっても、重荷に感じられるようなときには、私のほうから沈黙を破ることがある」と話されたことを想い出します。先生がおっしゃりたかったポイントは、「一分間という長さの問題ではなく、まずクライエントに沈黙を破る主導性をもってもらい、それでも沈黙が続き、苦痛を感じるならばカウンセラーが発言する」と理解すべきだと思います。こうした場合、沈黙が始まる前の話題に戻るとか、主訴のなかですでに述べられたことを取り上げるほうが「安全」だといえるのではないでしょうか。

ロジャーズが一九五一年に出版した『来談者中心療法』という本のなかで、ある女子高校生の事例を取り上げ、この少女との面接がほどんど沈黙で終始したにもかかわらず成功したことを紹介しました。このため、「沈黙を守ればよい」といった考え方が拡がりましたが、私はどんなときでも沈黙を尊重すればよいというものではないと考えます。もちろん、このクライエントはロジャーズの無言の態度のなかから、「この人は私を理解してくれる」という気持ちを強くもったからこそ、長い沈黙も意味があり、受容とか共感といったものを、カウンセラーから感じていたに違いありません。一方、「沈黙を破る」といっても、カウンセラーの方からむやみに話しかけたのでは、クライエントの考えや気持ちを表現する機会を奪ってしまったり、クライエントの思考の流れを妨げる危険性があることにも十分な配慮がほしいものです。

第6章 言葉によらないコミュニケーション

1 さまざまな非言語的コミュニケーション

私たちがおこなうコミュニケーションの六五パーセントが言葉によらない、つまり非言語的なものだと言われています。つまり、私たちの姿勢とか顔の表情、あるいは話すときのスピードとか調子といったものにたくさんの情報が入っていて、そうした非言語的な方法で多くのことが相手に伝えられているのです。

カウンセラーにとってクライエントが何を話すかはとても大切です。しかし、同時に言葉以外の方法で伝えられてくることにも十分注意を払いたいものです。もちろん、言葉によるコミュニケーションと言語によらないコミュニケーションとは多くの場合結びついていて、両者は切り離すことはできないと思います。クライエントが何を考えているかも大切ですが、感情は姿勢とか顔の表情といった非言語的な動きなり形なりと結びついて現れることが多いようです。

非言語的なコミュニケーションでは、身体の動き、ジェスチャー、顔の表情、目の動き、姿勢といった、どちらかというと身体の状態に結びついているものがあげられます。しかし、それだけではありません。話すときの調子あるいはテンポ、声の大きさ、声の抑揚というか上がり下がりといった話し方に関係しているものもあります。たとえば、私たちが誰かに謝るとき、「申しわけない」といった気持ちをもっている場合、あるいは話題が「デリケート」な内容のときには、自然に低い、小さな声で、ゆっくりと話すことが多いのではないでしょうか。

何かを「お願い」をするときには、低い声で、どちらかと言えば小さい声になることが多いようです。相手を拒否する場合には、鋭い声、強い声、大きな声になります。「悲しい」ときには、低い、小さな声でゆっくりと話しています。また、「気乗りがしないトピック」の場合にも、声は小さく、話し方のピッチは遅くなり、また休み、休みしながら話すようです。逆に、「怒っているとき」には当然声が大きく、鋭く、強く、早いピッチになりますし、「嬉しいとき」にも声が大きく、早いテンポで話すことが多くなります。

私が米国でカウンセリングのインターンをしたメリルパーマー研究所の恩師であるエイロン・ラトリッジ先生が、かつてカウンセラーとして担当していた中国人の留学生が、ある面接で非常に興奮してしまい、すべてを中国語で訴え始めたというのです。先生は中国語はわからなくても、彼女が何を訴えているかは、顔の表情、姿勢、声の大きさや調子から察して、どんな気持ちでどんなことを話そうとしているかを理解することができたと話してくださったことを思い出します。もちろん、「話し方」にはクライエントのもつ文化的な特性があり、個々人の違いがあることも事実です。しかし、言語自体はそれを話したり、聞いたりできないとコミュニケーションをおこなうことは困難ですが、非言語的なコミュニケーションは、ある程度文化を越えて共通な面が少なくないと思います。

精神分析の創始者であるフロイトは「言い間違い」「やり間違い」のなかに心の深いところに隠されている考えや欲望が現れてくる可能性を指摘しました。カウンセリングのレベルでは、深層心理まで取り上げることはありませんが、クライエントを観察することによって、ある程度クライエントの心のなかをうかがい知ることができるのではないでしょうか。

面接中に、クライエントが「つまって」しまったり「つっかえて」しまうとか、「あー、あー」といって言葉が出ないといった状態は、緊張や不安を感じている場合が多いようです。これに対して、何も言わず黙っているときは、クライエントが緊張している場合もあるでしょうが、考える時間を求めている場合もあるようです。もちろん、同じ沈黙でも、カウンセラーが始めた沈黙なのか、クライエントによって始められた沈黙かによって、その意味合いは違うでしょう。

クライエントが始めた沈黙では、話そうか話すまいかと思案をしていることもあるでしょう。これからどんな具合に話そうかと考えている場合もあります。あるいは、思っていたことをカウンセラーに打ち明けることができて、「やれやれ」と一服しているときもあるでしょう。また、自分が話したこと（内容）や自分の気持ちを振り返っているかもしれません。ですから，沈黙が起こったからといって，カウンセラーは慌てる必要はないわけです。

一方，カウンセラーから始まる沈黙は，面接のペースをゆっくりさせます。また，こうした沈黙は，カウンセラーの主導性を少なくするようです。カウンセラーが沈黙することによって，クライエントに主導性を渡すとかクライエントの主導性を増やすことになりますし，面接のペースをゆっくりとしたものにさせます。カウンセラーが黙ることによって，クライエントが自分で考えたり，感情を表出するのを助けることがあります。

しかし，カウンセラーの沈黙は良いことだけではありません。カウンセラー自身が意図的な沈黙ではなく「困ってしまった」「何と言ってよいかわからない」で沈黙する場合には，暗礁に乗り上げたのと同じで，カウンセリングを難しくすることを知っておきたいものです。しかし，だからと言って，カウンセラーがどんどん話せばいいわけではありません。カウンセラーの努力とスキルの向上により，不必要な沈黙を避けることができます。多くの場合，しばらくのあいだ沈黙を「尊重」して，それでもクライエントが話をしないために，あまりにも重苦しい雰囲気の場合は，「ご自分で考えておられることを，他人に話すということは難しいものですね」とか「ご自分にとって大切なことを，言葉で言い表わすということは，とても難しいですね」とクライエントの気持ちに理解を示す言葉が有効なこともあります。クライエントの話した最後の言葉や状況について「〇〇について，もう少しお話くださいませんか」といった質問で，もとの軌道に戻ることも可能です。

私たちが言葉で話すときには、その内容に応じた動作や表情をするものです。それはクライエントもカウンセラーも同じことです。クライエントが面接室を訪れてきたときに、カウンセラーがにっこり笑って招き入れてから、クライエントに椅子に座るようにすすめるために、「どうぞお座りください」と言うときには、その椅子に座ってくださいと手をさしのべるとか、小さな椅子ならばちょっと引いてあげるとか、少なくともクライエントと椅子の両方に視線を向けるでしょう。これは言葉と動作が一致している一連の流れです。

2　クライエントの座る位置

わが国のカウンセリングは病院、学校、社会福祉の施設といった場所でおこなわれることが多いためにに、オフィス的な部屋が使われることが多いようです。しかし、もしスペースと予算が許すならば、部屋の作り、家具、壁の色、椅子や机の配置、クライエントとカウンセラーの間の距離といったことにも配慮してカウンセリングルームを考えていきたいものです。おおよその目安ですが、カウンセラーが面接室のなかに座ったときに、自分がリラックスできるような部屋ならば、クライエントもリラックスできるだろうと思います。もちろん、クライエントには個人差があり、感じ方も違うでしょうが、少なくともクライエントが落ち着いて話せるという雰囲気が面接室にはほしいものです。また、仮にオフィス的な部屋であっても、ちょっとした置物、絵、花などを飾るだけでも、雰囲気が違ってくるでしょう。

人は誰でも自分の「居場所」というか、「占有スペース」には敏感です。したがって、クライエントの「自分の場所」に対する気持ちを大切にすることも、カウンセリングを進めていくうえで、大切な配慮だと思います。

私が二度にわたって実習訓練を受けた米国のクリニックの面接室は、カウンセラーが座る椅子のほかに、クライエントのために長椅子、ソファー、複数のやや小さい椅子が置いてあり、その部屋を使うカウンセラーがある程度自由に椅子を配置することが可能でした。仮に配置を変えなくても、クライエントはカウンセラーの座っている場所に対して、さまざまな形の椅子の選択だけではなく、いろいろな距離に座ることができるようになっていました。特に注目したいのは、クライエントがカウンセラーからどのくらいの距離をとって座るかということです。この距離がクライエントのカウンセラーに対する親密感や安心感といったものを表わしているように思えるからです。

面接室にいくつもの椅子が置いてなくて、いつも同じ椅子に座っていても、クライエントはカウンセラーに対する心理的な距離を近づけたり遠くしたりすることができます。たとえば、カウンセラーから顔をそむけるとか、窓の外を見るとか、話題を自分自身のことから他者に移すとか、あるいはそれほど重要でないトピックに変えることもできるでしょうし、腕組みをしたり、足を頻繁に組み替えたりといったことも、非言語的なコミュニケーションで自分の心理的な防衛を表わしていると考えられます。

家族療法のように、複数の家族の人がカウンセラーの部屋に入ってくるような場合には、椅子をどこにどのように配置しておくかが特に大切でしょうし，それ以上に，誰が，どこに，誰と隣り合わせに，どのくらいの距離をおいて座るかといったことが，家族内の心的なダイナミックスを表わしていることが多いようです。また，誰がカウンセラーに最も近いところに，あるいは最も遠いところに座るかも，カウンセラーへの心理的な距離，あるいは家族のなかでの位置，カウンセリングへの態度の現れと考えられます。

一般的に，あまりにもクライエントとカウンセラーの間が近いと，クライエントは緊張あるいは不安のために，話しにくくなるようです。とくに不安感の高いクライエントの場合は，カウンセラーとの間が少しあいているほうが話しやすいようです。

何か自分にとって大切なことをカウンセラーに訴えたいときには，クライエントは自然に身体を前に乗り出しているようです。これは，カウンセラーとの間の距離を少しでも縮めようとしていると考えられます。逆に，クライエントにとって不快あるいは緊張するような話題のときには，クライエントはよく上半身を後ろに反りかえったり，身体をかがめることがあります。これは，カウンセラーとの間の距離を少しでも遠くしようとしているのかもしれません。ですから，カウンセラーはクライエントの話の内容だけに神経を集中するのではなく，クライエントの気持ち，さらには姿勢といった非言語的な要素にも目を向けたいものです。

3　時間にまつわる問題

カウンセリングにおける時間にまつわる問題は、すでに第4章で紹介しましたが、もう一度ここで考えてみましょう。

クライエントのなかには、時間について非常にルーズで、自分が遅れるだけではなく、カウンセラーが遅れることも全く意識しないような人もいます。しかし、多くの場合、「遅れる」ということには否定的な意味が含まれています。

一般的に言って、予約よりも「早く来る」クライエントは、面接に対して熱心であると考えられます。これに対して、面接に「遅れてくる」クライエントは、面接に対してそれほど熱心でないと考えられることが多いようです。また、はじめは熱心であったクライエントも、「もう十分に助けてもらった」という段階にきたということを「遅刻」という現象で表わしているのかもしれません。こうした場合には、カウンセラーは「そろそろカウンセリングを終了する時期がきているのかもしれない」といったことを考えるべきかもしれません。同じようなことは、面接を早く切り上げて帰りたいというクライエントにも当てはまることでしょう。

逆に、面接が長くなることを、たいていのクライエントは歓迎するような印象を受けます。その理由は、カウンセラーが自分のために予定されている面接時間よりも長く割いてくれるわけですから、面接が長くなることを喜ぶことが多いようです。言葉を換えて言えば、「カウンセラーが自分のために余分に時間を割いてくれる」「カウンセラーが自分のことをより深く思っていてくれる」「カウンセラーの好意をもらえる」といった気持ちになるからでしょう。したがって、クライエントが意図的に面接を長くしてもらおうとしているかどうかは別として、面接時間が終わる頃になって、非常に重要な問題をカウンセラーに話すとか、強い不安を訴えることがあります。こうした場合は、クライエントが面接の延長を望んでいるのかもしれないと考えていいでしょう。こんな場合に、カウンセラーは簡単に「時間が来ましたから、今日はこれで終わりにしましょう」と言いにくいものを感じると思います。クライエントの心の傷をそのままにして帰すことへの心配と疑問です。病院では患者さんの傷を消毒し、包帯を巻いて送り出します。それと同じように、カウンセラーもクライエントの心の傷にガーゼを当て、包帯を巻いてから別れたいものです。それと同時に面接が延長戦に入ることを避けなくてはならないという側面もあります。一つの理由は、いったん面接を長くすると、クライエントのなかには「今日もカウンセラーは面接時間を長くしてくれるかな」という期待が生まれてくるからです。そうなると、面接の内容よりも、面接時間がクライエントの関心の的になってしまうのです。カウンセラーがクライエントのそうした意図を感ずるような場合、また一般的なルールとして、「それは重要なことですから、この次にもっと時間をとって話し合いましょう」と言って面接を終了するのも賢明な方法だと思います。

　クライエントだけではありません。カウンセラーが面接の予約をたびたび変更したり、面接に遅れると、クライエントは「このカウンセラーは私のことを大切に思ってくれていない」と考えはじめる場合があります。ですから、カウンセラーはこうした面接のマナーというかエチケットを十分に守らなくてはなりません。

4 言語と非言語は結びついています

A 私たちカウンセラーはクライエントに、言葉で言うだけではなく、それをジェスチャーでも表現しています

たとえば、「どうぞお座りください」と言葉で言うだけでなく、椅子を引いて非言語的に「お座りください」という意味を伝えています。あるいは、カウンセラーが「それはお辛いでしょうね」と言った場合に、「辛いでしょう」という感じが顔の表情となって出ているはずです。

B 言葉と行動の間に「ずれ」や矛盾がないかに注意しましょう

クライエントが言葉では「ご心配なく」「大丈夫ですよ」と言っても、顔を「しかめ」ていれば、心のなかではかなり心配していると考えてもよいのではないでしょうか。

C 言葉を使わず非言語で答えることもあります

カウンセリングに限りません。私たちの日常生活のなかで、「お元気ですか」という問いに「にっこり笑う」という方法で「ハイ、元気です」という意味を伝えていることは少なくありません。これ

と同じように、首をかしげることによって、「あまり調子が良くない」ということを言葉に加えて、非言語的に補っていることが多いようです。しかし、ジェスチャーというか非言語的な表情だけで答えていることもあるでしょう。また、「とても緊張しています」と言葉で答えるだけではなく、話す言葉が早口になったり、言い間違いがあったりすることもあります。

D　声の大きさも話す内容を反映します

一般的に、クライエントにとって「大切なこと」とか「心のなかで強く感じている」ことを話すときには、声が大きくなることが多いようです。また、悲しいことや他人に聞かれたくないようなことを話すときには、声が小さくなるのは当然です。

E　ジェスチャーが話を促進します

相手の話を聞きながら「うなずく」ことによって、「一生懸命に聴いていますよ。どうぞ、続けてお話しください」というメッセージを相手に送っているわけです。もし、このときに顔を横に振ったり、頭をかしげると相手は話を続けにくくなります。

クライエントの言葉だけでなく非言語的なメッセージを見つけて、それを正確にキャッチすることができれば、相手の話の内容をよりよくつかむことができるわけです。カウンセラーの言葉と非言語的なメッセージが一致していることが大切です。それにより、カウンセラーのクライエントへの思いや共感がもっと伝わるに違いありません。このことをクライエントに当てはめると、クライエントの言葉と非言語的なメッセージが一致していないときには、クライエントの心のなかに葛藤とか不安が隠されている可能性があると考え、より注意深く耳を傾け、観察をしなくてはならないでしょう。

もちろん、非言語的な表現には個人差があります。また、同じ涙であっても「嬉しくて涙ぐむ」と「悔しくて涙ぐむ」という場合があります。こうしたことも、言葉と非言語的な表現を結びつけながら、クライエントの心のなかを理解していきたいものです。また、言葉にも、非言語的なメッセージにも、文化的な差異があることは当然です。とくに、相手とどのくらいの距離をとるか、抱擁するかしないか、お辞儀をするかどうか、相手の顔を見るかどうかなど、カウンセラーの働く場所やクライエントの背景によって、異文化コミュニケーションについての勉強が大切になるでしょう。文化的な差を理解していないと、カウンセラーの誠意が相手に対して失礼にあたるようなことにもなりかねません。

5　顔の表情、ジェスチャー、姿勢

A　視線を合わせる

カウンセラーがクライエントの苦しみや痛みあるいは喜びを感じ取り、理解し、わかち合うことができたときに、クライエントに「わかりました」ということを伝えることが大切です。そうしたときには、ただ言葉で言うだけではなく、クライエントの目を見て言う、つまりある程度「顔を見て」

「視線を合わす」ことが重要ではないでしょうか。

もし、カウンセラーがクライエントの顔を見ない、つまり視線を合わせないとか、視線をそらしていたらどうなるでしょう。「痛み」「苦しみ」はもちろんですが、「喜び」であっても、クライエントが自分の気持ちを一生懸命に訴えているときに、カウンセラーが目を伏せていたら、カウンセラーの「わかりました」というメッセージは伝わらないでしょう。

たしかに、私たち日本人は、欧米人に比べるとあまり視線を合わせない文化のなかで生活していま す。ですから、欧米のカウンセラーのように、面接中にクライエントのほうをずっと見ている必要はないと思います。しかし、ある程度視線をクライエントに向け、視線を合わせることにより「わかりました」「あなたの話を聴いていますよ」ということを相手に伝えることが大切です。ただ、絶えずクライエントの目を見ていると、クライエントを不必要な緊張に追い込む恐れがあることをカウンセラーは理解しておきたいものです。

しかし、欧米の文化のなかでは、視線を逸らせることは、不安、緊張、熱心さの欠如ととられかねません。筆者は長い北米での臨床訓練を終えて日本に帰ってきました。帰国後何年もたってから、日本でアメリカ人を面接したときに、相手の話を聞きながら、日本人を面接しているときのように、時どき視線を下に向けてしまいました。後になって、このクライエントは私がクライエントと話すのを嫌がっており、関心がないのかと思ったと話してくれたのです。

B　クライエントが視線を逸らす

カウンセラーが何かを尋ねても，クライエントが壁にかけてある絵とか外の景色をじっと見つめているといった状態は，極度の緊張や不安を表わしていることが多いと思います。

クライエントが面接中に視線を逸らすことは，わが国の文化のなかではめずらしいことではないと思います。しかし，いくら日本の文化が視線を避ける要素をもっているからといって，初めから終わりまで視線を避けていたり，伏し目がちな場合には，なぜだろうと考えてみる必要があるでしょう。ただ単に「文化的なものだ」とは言い切れないような，クライエントの否定的な気持ちの表われかもしれないということを考えてみる必要があるでしょう。カウンリングで取り上げる内容への，嫌悪，反対，恥ずかしさの表われかもしれませんし，もっと強い否定的な気持ちがあるのかもしれません。

一般的に視線が合うということは，相手に自分の気持ちを訴えたい，相手に自分の心を開く，話を続けたい，相手の意見を聞きたいという意図の表われと考えられます。これに対して，目を逸らすのは，恥ずかしい，話題を変えたい，興味がないといったことの表われであることが多いでしょう。

また，お互いに目と目を見合わせるときには，カウンセラーとクライエントとの間に，かなり良いカウンセリング関係が築かれていると考えてもよいでしょう。あるいは，あまり深刻でないことを話し合っているときに見られる現象かもしれません。私たちの文化のなかでは，深刻な話をしているときとか不安を感じていたり恐る恐る話していたりするときには，クライエントはカウンセラーの目を見ないで話すことが多いようです。このほかにも、クライエントが視線を逸らすのは、初対面のときとか、恥ずかしがっているとき、何かを隠したいといったときにも起こるようです。

なお、視線とは違いますが、クライエントが話すことに集中しているときには、「まばたき」は少ないようです。涙は嬉しいとき、悲しいとき、いずれの場合にも見られます。

C　顔の表情

「目は口ほどにものを言う」と言いますが、目をはじめさまざまな顔の表情は、クライエントの気持ちを一番良く表現していると思います。すでに述べましたが、私たちは言葉だけではなく、顔の表情によっても自分の気持ちや考えを他者に伝えています。顔には目、鼻、口があります。そして、それぞれが独自の表現をするだけでなく、それが組み合わされて、さまざまな顔の表情をつくり出しますから、非常に複雑な非言語的なコミュニケーションの手段となっています。

一般的には、嬉しさ、驚き、不快、嫌悪といった感情は口もとに現れることが多いでしょうし、悲しみは口もとよりも目に表わされるのではないでしょうか。

もちろん、顔の表情からだけで、クライエントの気持ちや考えを判断することは危険ですし、また難しいことですが、面接の流れのなかで、カウンセラーはクライエントの気持ちを、顔の表情からある程度判断できることが少なくないと思います。

もう少し具体的には、額に「しわ」を寄せるのは、困ったとき、相手を信じられないとき、怒っているとき、疑っているときなどに見られることが多いようです。

口もとに現れる微笑みには、嬉しさ、喜び、といった肯定的な考えや感情、挨拶、感謝、または「照れ隠し」のように恥ずかしさを背後で感じているなど、さまざまな感情が込められています。あるいは、どうしてよいのか、どう答えればいいのかわからないといった場合も、私たちは口もとで笑みを浮かべることもあります。きわめて大ざっぱですが、嬉しさ、驚き、不快、嫌悪といった感情は、口もとに現れることが多いようです。口を「へ」の字に曲げて怒りや敵意を表情に出します。こうしたものは、さらに拡大して言えばストレスの表現とも言えるでしょう。また、「よし、やるぞ！」と決意したときも、口もとに現れます。

口もとでも、唇を嚙むといった表現もあります。これは悲しみ、怒り、すねる、不賛成、不安などさまざまな感情の表われです。

口が開いているのは、疲れ、無関心、驚きといった場合が多いようです。

口の周りや顎《あご》が固い感じがするときには、不安、恐怖、緊張、口惜しさを表わしているようです。

顔が赤くなるのは、不安、緊張、恥ずかしさを感じているときが多いでしょう。

D　頭の動き

頭の動きもクライエントの気持ちや考えていることを表わすことがよくあります。

頭を真っ直ぐに上げて、真っ直ぐにカウンセラーに向けているときには、相手の話を聞こうという気持ちを表わしていることが多いようです。

頭を前後に動かして「うなずく」ときには、肯定、賛成、傾聴、注目、集中を表わしているのでしょう。

頭を左右に振るときには、不賛成とか不承認を表わしていますし、頭をうなだれているときは、悲しみ、心配、落胆を意味しています。

頭を横に傾けているときには、アンビバレンツといわれる二律背反的な気持ちや疑問を感じているときが多いようです。

E　肩の動き

よく肩が落ちているとか、肩が下がっていると言いますが、こんなときには落胆、心配、悲しみを経験しているときではないでしょうか。

逆に、肩を乗り出すというのは、相手の話を一生懸命になって聞いている状態です。関心を示すとか、熱心さ、心を開くという状態でしょう。

肩を斜めに曲げているときは、あまり相手の話している内容に積極的ではない、どちらかというと否定的な気持ちを表わしていることが多いようです。

F　手や腕

手や腕もクライエントの気持ちや態度をよく表現しています。

日本人男子の癖や習慣になっているとも言えるでしょうが，腕組みは一般的に相手を拒否したり，対抗したりしようという意図の表現であることが少なくありません。したがって，怒りや敵意，嫌悪といった気持ちと結びついているようです。

また，拳を握りしめるとか，自分の左右の手を互いに握りしめているのは，不安や怒りを示しているようです。

手や腕が固くなって，ほとんど動かさないのは緊張しているときが多いようです。

これまで腕組みをしていたのをやめるとか，握りしめていた拳の力を抜くといったときには，カウンセラーに次第に心を開いてきているか，カウンセラーの話すことに関心を示し始めたとも考えられます。

G　足や脚

足や脚がゆったりとリラックスしているときには，心が開かれているというか，相手を信頼し，安心していることを示しているようです。

面接中に脚を頻繁に組み替えることは，クライエントの不安や緊張を示すようです。

足の先や踵で床を叩く人もいますが、こういう動きは緊張やいらだちを表わしているようです。癖になっているのでしょうが、貧乏ゆすりも緊張、不安、焦燥感の表われです。

H　身体全体

姿勢とか身体全体の動きからは、顔の表情、手や腕、脚ほど、具体的な感情や態度を読みとりにくいと思います。その理由は顔の表情だと、普通笑顔のときは楽しさ、喜び、嬉しさと結びついていることが多いし、嬉し泣きといった例外はありますが、涙を流している（泣いている）ときは多くの場合は悲しみや口惜しさを表現しています。そのうえ、こうした現象はあまり文化の違いとは関係がないように見えます。

しかし、姿勢や身体全体の動きは、その人の育ったあるいは現在属している文化と切り離すことはできないようです。また、何を話しているかつまり話の内容、声量、声の調子、スピードなどとも結びついています。ですから、もしクライエントが話している内容と相容れないような動きがあれば、それはなぜだろうかとカウンセラーは一度考えてみる必要があるのではないでしょうか。

相手から顔を背けるとか身体を斜めにする、身体をゆする、身体を硬直させるといったことは、面接に気乗りがしない、不安、心配、緊張といった気持ちを表わしていることが多いでしょう。

指で肘掛けや机をたたく、何度も髪を撫でる、頭をかく、といった行動は不安、不快感、倦怠感などを表わしていることがあります。

I　ジェスチャー

カウンセラーはクライエントに言葉だけではなく、いろいろな動作で言葉による情報を補ったり強めたりしています。たとえば、クライエントを面接室の外に出て迎え入れるときに、「どうぞお入りください」と「にっこり」笑顔を見せる、「やわらかい」視線を向けるといった表情に加えて、手を部屋の方へ向けるといったジェスチャーが、クライエントに「待っていてくれた」「歓迎された」「受け入れられている」という気持ちをもたせます。ことによると、言葉がなくても「お入りください」という意味は十分相手に伝わるに違いありません。同じようなことは、「お掛けください」と椅子を指す場合にもいえるでしょう。「どうなさいました」という言葉と一緒に、頭をややかしげ、少し上目づかいにクライエントを見ることによっても、伝えることができるでしょう。

カウンセラーは「どうぞお掛けください」「どうぞお話しください」「では、そろそろ面接の終わりにしましょうか」と声に出して言いながら、自分がどのような動きをしているか、自分で自分の動きを観察して、自分がどんなジェスチャーを使っているか見てみましょう。カウンセラー仲間でいろいろジェスチャーを使ってみて、勉強するのもいいでしょう。

面接の終わりに、その日の面接で話し合った内容を要約し、クライエントに微笑みかける、うなずいてみせる、クライエントから少し視線を逸らす、出口の方へ軽く片方の手をさしのべるといった一連の動作によって、面接の終了を告げるだけでなく、「カウンセラーがクライエントを支えている」

ということをより良く伝えることができると思います。

カウンセラーが「クライエントを支えている」という感じがクライエントに伝われば，「面接が終わる」すなわち「別れ」というなんとなく「淋しい」といった感情や気持ちを和らげてくれます。「面接はこれで終わりますが，私たちのカウンセリング関係はまだまだ続きます」といった感じをクライエントに伝えることを助けます。

面接中に，クライエントに話してもらうためにカウンセラーがしゃべるのを止めて，待つということがクライエントの発言をうながします。これは面接する側がよく覚えておきたいことです。もちろん，クライエントに話してもらうためには，質問をするときにはできるだけオープンエンドつまり「はい，いいえ」では答えられないようなかたちの質問をしたり，クライエントが話しているとき，相手がどんな気持ちでいるかを言葉で言う，つまり「感情の反射」をしたり，うなずいたり，「そうですか，それで？」といった言葉で発言をうながしたりするわけです。カウンセラーが話すときには，かなりスピードを緩めるといった話し方の面にも注意しなくてはなりません。

J　呼　吸

身体の動きではありませんが，呼吸が速いとかゆっくりしていることも，クライエントの気持ちと結びついていることが多いようです。ゆっくりとした息づかいは，情緒的な安定と結びついていますし，逆に呼吸が速くなることは，不安や緊張と結びついているようです。ヨーガの呼吸法では自分の呼吸をコントロールすることを学びます。そのことがヨーガのなかで大切な部分になっています。ジェイコブソンの「リラクセーション法」のなかにも、呼吸をゆっくりさせる技法が出てきます。心の安定はゆっくりした呼吸をもたらしますし、呼吸をゆっくりすることによって、緊張をゆるめ、リラックスした心理状態をもたらします。

ためしに、レントゲンの胸部撮影のときのように、胸いっぱい空気を吸いこみ、そのままで五秒間とめておいてください。そして、五秒たったらゆっくり息を吐き出し、二十秒から三十秒間楽な気持ちにひたってみてください。これを数回繰り返すと、ご自分がリラックスしているのがおわかりになると思います。

もちろん、リラクセーション法は呼吸だけではありません。身体のいろいろな部分を約五秒間緊張させ、約二十秒間リラックスをさせることが重要です。たとえば、楽な姿勢で椅子に座り、両手の手のひらを五秒間強く握りしめてください。五秒たったら、ゆっくり力を抜いて、楽にしてください。また、手のひらを強く握りしめ、五秒たったら力を抜きます。次は、目です。両方の目を約五秒間強く閉じてください。次に、目を閉じたまま力を抜いて楽にしてください。目のまわりが、楽になるのを約二十秒間味わってください。もう一度、両方の目を五秒間強く閉じましょう。そして、次は二十秒間のリラックスです。次は口のなかで、上の歯と下の歯を強く嚙みしめてください。五秒間の緊張と二十秒間のリラックスです。頭をゆっくり後ろに倒して、首に緊張を感じましょう。五秒たったら、もとに戻して二十秒間のリラックスです。両肩を上にあげて、緊張を首から肩にかけて感じてください。五秒間の緊張と二十秒間のリラックスです。

こうした一連の動きを五秒間の緊張と二十秒間のリラックスで、それぞれ二回繰り返すと、ずいぶん身体がほぐれてきた感じになるだろうと思います。このリラクセーション法は、からだのリラックスが心の緊張を和らげることを教えてくれます。心とからだ、言語と非言語のコミュニケーションは互いに結びついているのです。

K　声の大きさ

クライエントのなかには、大きな声で話す人、話すスピードが非常に速い人、なめらかに話す人、とつとつと話す人、沈黙が多い人、沈黙が長い人とさまざまです。こうした話し方は、その人の癖だと言ってしまうこともできますが、そうした現象はどんな意味をもつかを考えてみることも大切ではないでしょうか。

話す声の大きさとかテンポは個人差が大きいものです。しかし、一般的に、話すことにあまり積極的でない、相手に話してもらいたいという人は、どちらかというと声が小さく、また話すテンポが遅いことが多いようです。これに対して、自分が話し続けたい、相手に話させたくないといった人は、声が大きく、話すテンポが速くなることが多いようです。

いつもよりも、ゆっくりとしたテンポで、低い声あるいは小さな声で話すときには、悲しみ、憂鬱、その話題について話したくない（話すことへの抵抗）という気持ちがあると考えられます。

6 非言語的な行動をどう取り上げるか

クライエントの非言語的な行動に対してカウンセラーがどう対処すべきかは、公式的に言うことは難しいと思います。もっとも一般的な方法は、クライエントが非言語的な方法で一種のメッセージを送ってきているわけですから、それを黙って受け入れ、尊重するという態度だと思います。

たとえば、クライエントがいつも下を向いてカウンセラーと視線を合わさない場合に、

（1）もっとも一般的かつ安全なのは、それをあるがままに受け入れて別に何も言わない、指摘しないことだと思います。カウンセラーが気をつけなくてはならないことは、クライエントがまだ話していないことや、言葉の背後にある意図や気持ちがわかったからといって、すぐに取り上げないことです。

（2）とくに、来談者中心療法の枠組みでは、非言語的な行動ないし表現をクライエントの気持ちの現れとして考え、それを温かく見守るという態度を強調しています。

（3）しかし、行動理論の枠組みでソーシャルスキル・トレーニング（社会生活技能訓練）やアサーティブ・トレーニング（自己主張訓練）をしている場合ならば、カウンセラーは自分の目を見るようにクライエントに言うだろうと思います。そして、必要ならば、クライエントにカウンセラーの目を見る練習をしてもらいます。

（4）　仕事につきたいとか学校に行きたいと言いながら、首を横に振ったり、首をかしげる人、「子どものことで本当に困りました」と言いながらにこにこ笑顔を見せているクライエントの場合に、クライエントの話している内容と表情が全く違う、合致していないことを指摘すべきかどうか、カウンセラーとしては判断に苦しむところだろうと思います。

こんな場合、クライエントが話している内容と非言語的な表情が一致しているかどうかをよく観察してみましょう。もし、一致していなければ、言葉で話していることが必ずしも本当のことではないかもしれないと、カウンセラーは考えてみる必要があるでしょう。しかし、だからといって、すぐその不一致をクライエントに言うかどうか、指摘するかどうかは、十二分に考える必要があるでしょう。カウンセラーは自分が見えるから、わかるから、感じるからといって、それをすぐにクライエントに言うことは避けるほうが安全です。

まず、クライエントをあるがままに受け入れることも一つの方法です。クライエントの表情というか非言語的なコミュニケーションは取り上げず、「それはお困りでしょうね」とクライエントの話したことに焦点を当てて反射するのも一つの方法です。あるいは、クライエントがカウンセラーの指摘を十分に受け入れることができると思われるならば、「あなたはとてもお困りだと言われますが、お顔の表情はそんなに困っておられるようではないのですが」とだけ指摘するのも一つの方法です。非言語的なコミュニケーションというか表情を取り上げ、その意味を指摘するのです。ただ、カウンセラーがクライエントが言葉で話していない非言語的なコミュニケーションを積極的に取り上げることは、それだけ危険度が大きいことも覚えておきたいものです。この点は、解釈や転移を扱う場合とよく似ていると思います。この場合、キーワードは「慎重に」「先走らない」ということです。カウンセラーは「見えたこと」「わかったこと」をすべてクライエントに話すわけではないのです。理解できても、気がついても、黙っていることが少なくありません。

たとえば、クライエントが「カウンセラーのところへ来て良かった」と話しながら、クライエントがカウンセラーを見てニッコリ笑顔を見せたとか、「子どものことですっかり混乱してしまいました」と眉間にしわをよせて困った表情を見せたときに、カウンセラーは「この人は心からそう思っている」と感じるでしょう。しかし、カウンセラーは自分が観察できたり、感じることができたことを、クライエントに言うべきかどうかは、別の次元の問題です。カウンセラーは自分が理解できたことをクライエントに伝えるまえに、慎重に考える必要があります。

カウンセラーは「見えたこと」「わかったこと」をすべてクライエントに言うわけではありません。理解しても、気がついても、言わないことが多いのです。カウンセラーは自分がクライエントの非言語的なメッセージを「指摘する」場合には、大きな意味があることを十分に理解しておきたいものです。

カウンセラーがクライエントの非言語的なメッセージを取り上げるときには、質問のかたちをとることが多いと思います。「ご主人の転勤の話をなさったときに、目が潤んでいらっしゃったようでしたが？」といった感じですと、あまり断定的な感じを与えないようです。

話していることとおこなっていることが一致していない場合には、指摘する内容は、さらに慎重に扱うべきでしょう。「子どもさんが学校に行かないお話をなさったときに、あなたは笑顔でお話になりましたが、どうしたことでしょう？」といった感じで取り上げることもできますが、こうしたコメントはあまりにもクライエントの深いところにある気持ちに触れる質問だと思います。カウンセラーはクライエントの話すこと、非言語的なメッセージに注目し、記憶にとどめますが、直接言葉には出さない場合が多いのです。

また、クライエントは自分や家族の問題を話しながら、「照れ隠し」に笑う場合も少なくありません。こうした行動に惑わされないようにするためにも、観察したことをすぐ口にしないで、慎重に他の非言語的なメッセージも見守りたいものです。

7　カウンセラーの非言語的行動

これまでクライエントの非言語的コミュニケーションを取り上げてきましたが、カウンセラーもクライエントと同じように、非言語的にさまざまなコミュニケーションをおこなっています。その表現は、クライエントの非言語的行動で取り上げたことと全く同じだと言えるでしょう。

カウンセラーが何を思い、考え、感じているかが、自然と非言語的な行動に出るのは当然です。もし、可能ならばカウンセラーは自分のそうした表現を自己観察することにより、十分に理解しておきたいものです。カウンセラーの非言語的コミュニケーションのなかには、クライエントとの援助関係を促進するものもあれば、逆に援助関係を築くのを妨げるものもあります。

カウンセラーがクライエントと視線を合わせる、クライエントの顔を見る、身体をクライエントに向ける、身体を硬直させずにリラックスさせている、おだやかな表情などは、クライエントから見ると「親しみ」を覚え、心を開いて自分の心のなかにある問題を話そうという気持ちにさせる大切な要素であると考えられます。

もちろん、わが国の文化では、欧米の文化よりも、相手に視線を向けることが少ないことは事実です。しかし、援助者としてのカウンセラーが下を向いて、クライエントの顔を見ないで話したり聴いたりすれば、クライエントは「この先生は私に関心を持っていないのではないだろうか」「私のことを重要だとは考えてくれていない」といった具合に、視線を避けていることを否定的なメッセージと受け取りがちです。

カウンセリング関係に悪い影響を与える非言語的な行動としては、面接中にカウンセラーがわき見をする、指や鉛筆などで椅子や机をたたく、髪の毛を引っ張る、指で鼻とか耳をほじくる、顔をしかめる、絶えずまばたきをする、脚を組むだけでなく足をぶらぶら動かす、突拍子もなく高い声とか大きな声で話す、クライエントが聞き取りにくいほど小さな声あるいは低い声で話すといったことがあります。こうしたことは、援助関係にとってマイナスの要素になることもありますから、カウンセラーは自らのそうした点には十分気をつける必要があるでしょう。

面接中の自分をビデオで録画録音することができれば一番良いのですが、それはなかなか許されないことだと思います。ですから、カウンセラー同士がロールプレイをおこない、それを録画するか、カウンセラー同士が相手の非言語的な行動を見つけて、それを教え合うということが、もっとも簡単に直す方法でしょう。また、クライエントの話すことと非言語的な行動が一致していない点をカウンセラーが素早く観察するように、カウンセラーの話す言葉と非言語的な行動なり表現表情なりが一致しているかどうかにも、十分な注意を払っておきたいものです。

カウンセラーが「あなたが子どもさんのことをどう感じておられるか、うかがいたいのですが」と口では言っていても、腕組みをして顔は横に向けているといった状況では、クライエントは「このカウンセラーは本当に私の気持ちを聴こうと思っているのだろうか」という疑問と不安あるいは怒りを感じるに違いありません。

「汝自身を知れ」と言いますが、カウンセラーにとっては自分を知るということは、非常に大切なことだとしみじみ思います。

第7章 積極的アプローチ

傾聴はカウンセリングの基本です。カウンセラーが、「クライエントの立場にたって、クライエントが考えるように考え、感じるように感じ、クライエントが見るように物ごとを見る」ということはとても大切な原則だと思います。

しかし、ときにはこれまで述べてきたカウンセリングの立場を重視しながら、一歩前へ出て、カウンセラーがもう少し積極的な立場をとったほうが良い場合もあるようです。もちろん、受容と傾聴、共感と感情の反射という枠組みや技法のうえに立った、積極的アプローチであるということを忘れないようにしてください。傾聴を中心にした技法では、クライエントの変化は、クライエントが自分の話を十分聴いてもらえた、受け入れてもらえたという気持ちと、カウンセラーの支えに助けられながら自らが変わるといった、クライエントの側から起こる変化です。この場合、カウンセラーのかかわり方は、決してクライエントよりも先にいかない、クライエントとともに歩く、ときにはクライエントの後ろからついていくといった感じのものです。これに対して、積極的なアプローチは、カウンセラーがクライエントの気持ちや問題をどのように理解し、クライエントの訴えるところや非言語的な表現から仮説を立て、それにもとづいて働きかけるものです。

ただ、カウンセラーが積極的に働きかけるには、クライエントがそういう働きかけを十分受け入れうる状態になっているかどうかを、よく見極めなくてはなりません。そのもっとも基本的なポイントをいくつかあげてみましょう。

なによりもまず考えたいことは、カウンセラーはこれまでクライエントの話を十分に聴いてきたかどうかです。話に耳を傾け、ラポールというか援助関係が十分にでき上がっていることが、カウンセラーが積極的に働きかけるための第一の前提条件です。こうした条件がととのっていないのに、カウンセラーのほうから働きかけてしまっては、カウンセリングとは言えません。積極的なアプローチであっても、あくまでカウンセラーのクライエントに対する温かい受容的な態度と、傾聴的な理解にもとづいたものでなくてはならないのです。したがって、積極的な技法を使おうとするカウンセラーは、常に受容と傾聴を心がけながら、この技法を使うということを念頭に置いていただきたいものです。

また、こうした前提を忘れ、早まって積極的なアプローチを使うならば、クライエントはカウンセラーに対して、防衛的になったり、拒否的な反応を示したり、やがてはカウンセリングに来なくなることがあります。そうしたことがないように、十分注意しなくてはなりません。もしも、そうした

「抵抗」に出会うならば、カウンセラーは自分が性急だったことを反省し、受容と傾聴というカウンセリングの基本に戻るべきでしょう。

1 質問

カウンセリングを進めていくうえで、質問は不可欠のものです。ただ、質問にはクライエントが話していることをもう一度繰り返して話してもらう問いかけもあれば、繰り返しではなく、さらに深く入り、説明をしてもらうために「と、おっしゃいますと？」といった具合に、やや漠然としたオープンエンドの形の質問もあります。こうした質問は、クライエントの主導性を尊重しながら、立ち止まり、クライエントが話したことをもっと説明してもらうという、安全かつ有効な尋ね方です。これに対して、「あなたは○○なさりたいのですね？」「あなたはこんなふうにお考えになったのですね？」といった、「はい」や「いいえ」で答えられる質問は、時と場合によっては、クライエントにとってかなり負担の重い質問になるかもしれないことを、カウンセラーは心得ておきたいものです。

また、カウンセラーが注意しなくてはならないのは、自分が困ったり、沈黙が続いたり、あせったときに、不用意な質問をしてしまう恐れがあることです。ですから、質問というのは、カウンセラーが時と状況を考えながら、クライエントが面接へ積極的に参加するように配慮したいものです。

筆者が子どもの頃、キャンプに参加したときに、リーダーが「いつ、誰が、どこで、誰と、何をしたか」というゲームをしてくれたことを想い出します。簡単に説明しますと、カードのように切った小さな紙を五枚もらって、それに「いつ」「誰が」「どこで」「誰と」「何をしたか」を書くと、その紙をリーダーが子どもたちから集めて、いろんな子どもが書いたカードを混ぜて読みあげると、とんでもない文章ができ上がり、全員が大爆笑したものです。

「はい」や「いいえ」では答えられないオープンエンドの質問というのは、このゲームで使った内容とほとんど同じで、「いつ」「誰が」「どこで」「誰と」「何を」「どんな具合に」といった形で質問するものです。

たとえば、

どんな時にそんな気持ちになられるのでしょう。

誰とご一緒だとそんなお気持ちになられるのですか。

どこからお話になりたいですか。

何からお話になられますか。

ほかにお話になりたいことはありませんか。

そのときにどんなことをお考えになられましたか。

そのときにどんなふうにお感じになられたのでしょう。

それをなさったときにどんなお気持ちだったのですか。

そのときにどんな具合になられたのでしょう。

といった質問がオープンエンドです。

こうした質問は、「と、おっしゃいますと?」という問いかけに比べると、クライエントをある限定した範囲のなかで話してもらうように方向づけています。しかし、クライエントが自由に選択する範囲はかなり広いわけです。クライエントが自分の心のなかを探索するのを助ける機能をもっています。

これに対して、「はい」「いいえ」で答えられる質問だと、その回答の範囲あるいは選択の余地は、はるかに限られてしまいます。ただ、限定された情報を得るためには有効であり、必要な質問です。また、クライエントが長々と話して、それを止める必要がある場合にも有効な問いかけとなるでしょう。ただ、私たちが犯しやすい失敗は、「限定された答え」を必要としていないときでも、「はい」「いいえ」で答えられる質問を多用してしまい、クライエントが話す自然の流れを止めてしまうことがあります。こうしたことは、できるだけ避けなくてはなりません。

「はい」「いいえ」で答えられる質問には、次のようなものがあります。

「いろいろなお話をうけたまわりましたが、そのなかでもお父さんへの怒りがとりわけお強いようですが、いかがですか」

「ときどき、何もやる気がしなくなるといったことが起こるのでしょうか」

「近いうちに、求職活動を始めようとしておられるのでしょうか」

「そろそろ学校へ行ってみようかという気持ちが，少し出てきたようにみえるのですが，どうでしょうか」

「はい」「いいえ」で答えられないオープンエンドの質問も，「はい」「いいえ」で答えられるクローズドエンドの質問も，カウンセラーがクライエントに何かを尋ねる場合に，クライエントがゆっくり考えるのを待つという配慮がなくてはなりません。クライエントのなかには，言葉では言っていても，その内容についてまだ十分考えていないことが少なくありません。そんなときには，「これは大切なことですから，よくお考えになってください。すぐにお答えになるのは難しいことかもしれません」といった言葉をかけることによって，クライエントが慌てることを防ぐことができます。また，必要ならば「今でなくても，次の面接まで考えていただいてもいいのですよ」といった言葉をかけることによって，クライエントによけいなプレッシャーを与えることを防ぐことができます。

また，カウンセラーがクライエントに何かを質問する場合には，たくさんのことをいっぺんに尋ねるのではなく，質問を一つだけに限定するほうがいいでしょう。たくさんのことを尋ねると，クライエントを混乱させるばかりで，おうおうにしてたいして重要でないことについての答えが返ってくることが少なくありません。カウンセラーからの問いかけは，伝統的なカウンセリングでは，あまり望ましいことではないと言われてきました。それにはそれだけの理由があるわけで，「積極的な働きかけ」といっても，その積極的な部分はできるだけ少なく，そして効果のあるものとするように心がけるべきでしょう。

一六一～二頁でのキャンプの「質問ゲーム」で、「いつ」「誰が」「どこで」「誰と」「何をしたか」に「どんな具合に」を付け加えて、質問のリストとして紹介しました。ここで注意していただきたいのは、「なぜ」という言葉が省かれている点です。「なぜか」という質問は、なぜかという理由を尋ねているわけですから、相手に考えさせるつまり知的な質問ということが言えるでしょう。こうした質問に対して、クライエントはたいていの場合に防衛的にならざるをえません。ですから、「どうして」「なぜ」「どんな理由で」といった質問はできるだけ避けるべきでしょう。

この節では「質問」について取り上げましたが、それが受理面接、あるいは生活歴を尋ねているときでも、カウンセラーのほうが一方的に、しかもたて続けに質問することはできるだけ避けなくてはなりません。来談者中心療法を提唱したロジャーズは、カウンセラーは耳を傾けることと、クライエントの気持ちを反射することに徹することの重要性を説きました。その理由として、クライエントの主導性を尊重することは当然ですが、さらにカウンセラーが答えを与えてくれる人間であるといった印象をクライエントに与えることを避け、カウンセラーはクライエントが自らを探索するのをともに歩むという態度を示すことがカウンセリングでは大切なのです。なぜなら、クライエントのことはクライエント自身が一番よく知っているのです。積極的なアプローチは、ともすればロジャーズと反対の立場と考えられがちですが、クライエントの主導性の尊重という精神をあくまで重視して面接に望むべきでしょう。それが面接者の倫理でありエチケットであることを覚えておきたいものです。

2 直面化

クライエントの話している内容が食い違っているときや、話すことと表情が相容れないとき、あるいはクライエントの考えに矛盾があるような場合に、それを指摘するのが直面化と呼ばれる技法です。

クライエントはいろいろなことを話しますが、その内容は必ずしもちゃんと整理されているとは言えません。なにも、クライエントに限りません、私たちはいつもきちんと系統だってものごとを考えたり、話したりしていないことが多いのです。思いついたことを言葉に出して話している間に、考えがまとまってくることも多いようです。ですから、クライエントの話を聞いていると、あちらこちらに「矛盾」「不一致」「食い違い」「おかしな点」が見えてきます。それをカウンセラーがひかえめに指摘することによって、クライエントは自分の「矛盾」や「不一致」などを、これまでより少し距離をおいて、客観的に見ることができるようになれることが多いようです。

しかし、ここで十分注意したいのは、カウンセラーはクライエントと共に歩むのが本来の姿だという点です。したがって、クライエントの話したこと、感情、表情などの間に「矛盾」や「不一致」があるからといって、クライエントの思考や感情の世界に「ずかずか」土足のままで入り込むようなことをすべきではありません。クライエントとの間に築かれた援助関係が、そうした「遠慮がちな指摘」に十分に耐えうるという自信があるときにだけ、はじめて指摘すべきでしょう。

そして、指摘をする場合にも、クライエントが同じようなことを何度も言っている、同じような「矛盾」や「不一致」を度々示していることを十分確かめておく必要があることは言うまでもありません。そのうえで、「やんわり」と、「遠慮がち」に指摘することが大切だと思います。そうした配慮をしながら、直面化をすれば、クライエントがカウンセラーの指摘をいったん否定しても、やがて自分のなかの「矛盾」や「不一致」に気づくことができるでしょう。もし、カウンセラーがあまりにも性急に直面化を使うと、援助関係を損ない、カウンセリングの進行を妨げる恐れがありますから、十分注意しながらおこなうべきだと思います。

ここで取り上げている「直面化」の例としては、次のようなものがあります。

クライエントが「私は先生に自分のことを話すことは平気ですよ」と言いながら、顔をしかめたり、頭をかしげたり、洋服の「すそ」を指でもむといったことをしているならば、必ずしもカウンセリングを受けることを納得し、心を開いているとは言えないかもしれません。

こんな場合には、「〇〇さんは、私にご自分のことをお話になりたいとおっしゃっていますが、頭を傾げたり、もじもじなさっているように見受けられることがあるのですが」とやんわりと指摘するのもいいでしょう。

クライエントが「前の会社を辞めたことは良かったと思います」と言いながら、声の調子が低く沈みがちで、また表情にかげりがあるならば、「お辞めになって良かったと言われていますが、辞めなかったほうが良かったとか、もっといろいろな気持ちがおありのようですね？」と尋ねるのもいいでしょう。

前回の面接で、クライエントは仕事を探してみると言いましたが、それを実行していないときには、「職業安定所（ハローワーク）に行ってみると言われましたが、おいでにならなかったようですね？」とクライエントがカウンセラーと約束したことを、実行しなかった点を指摘することも直面化のひとつでしょう。

クライエントが「私にとって先生（カウンセラー）のところへ来ることはとても大切です」と言いながら、よく面接をキャンセルするならば、「あなたはカウンセリングに来ることは大切だと思うとおっしゃいましたが、実際には最近よく休まれることが多くなったようにお見受けするのですが、どうしたことでしょう？」と話したことと行動の食い違いを指摘するのもよいでしょう。

母親が「娘の○○は可愛いけど、ときどき子育てが嫌になって、どうしてこんな子を生んだのかと思うことがあるのです」と話した場合には、カウンセラーは「お子さんはかわいいけれども、ときどき重荷に感じられているようですね？」とクライエントのアンビバレンツな気持ちを反射し、指摘するのもいいでしょう。

たとえば、病院のソーシャルワーカーのところへ来た患者が胸苦しさと強い不安感を訴えたのですが、病院で検査を受けるのを拒否しているとします。こんなときに、担当のソーシャルワーカーは「○○さんは身体の異常を訴えておられますが、それがどんな状態なのか、原因はどこにあるかを調べるために、検査を受けることをお願いしていました。でも、まだ行かれていないようですね？　検査についてどんなお気持ちなんでしょうか」とクライエントの検査についての抵抗を取り上げるのもいいでしょう。

直面化で大切なことは、クライエントの言語、行動、表情のなかで「矛盾」していたり、相容れないようなポイントを「柔らかく」指摘したりして、それに対してクライエントがどんな反応を示すかを、受容的に観察していくことです。カウンセラーが指摘したことをクライエントが否定することもあります。そんなときには、すぐにそれを取り上げることは必ずしも必要ではないこともあります。ですから、カウンセラーは「クライエントにとって直面化に対する機が熟してない」と理解して、クライエントの抵抗を受け入れるという「寛容さ」をもつべきでしょう。

直面化のめざすところは、クライエントがまだ気がついていない、自分のなかの「矛盾」や「不一致」に目を向けてもらい、そうした状況をなくそうとするか、あるいはそういう状況があるということをわかってもらうことです。だからといって、カウンセラーがクライエントを非難したり、強い言葉でクライエントの「矛盾」や「不一致」を指摘することは避けなくてはなりません。できるだけ、クライエントが自分の心のなかを見つめてもらうという、クライエント自身の選択と決定を尊重するというカウンセラーの態度が必要です。ただ、どうしてもカウンセラーが積極的に働きかけなくてはならないときには、遠慮をしながら、表現は軟らかくても、問題をはっきり指摘する勇気をもちたいものです。ただ、「指摘する」ことは、決して「攻撃する」「糾弾する」「罰する」「カウンセラーの怒りやフラストレーションを発散させる」という目的に使われてはなりません。

直面化をおこなう場合に、非常に大切な点は、カウンセラーとクライエントの間のカウンセリング関係です。よい関係があれば、ある程度積極的に直面化をおこなっても、クライエントが受け入れてくれますし、受け入れないときでも「しこり」が残ることは少ないでしょう。仮に、「しこり」があっても、それを修復することは比較的スムーズにおこなわれることが多いようです。逆に言えば、カウンセリング関係がまだ十分できあがっていない場合には、直面化を使うことには慎重になった方がいいのではないでしょうか。

直面化はクライエントが自らの心のなかを探索することを求めているわけですから、クライエントが自分自身を見つめようという気持ちになったときに、はじめて可能になるわけです。また、カウンセラーがクライエントの「矛盾」なり「不一致」を指摘した場合には、クライエントに異議をとなえたり、反論をする時間と機会を十分に与えることが大切です。したがって、面接の終わり頃になって、直面化をおこなうことは避けるべきです。

また、カウンセリングが始まった初期の段階から大きな矛盾や不一致を取り上げるのではなく、はじめのうちはクライエントにとって受け入れやすい、やさしい問題から入るべきだと思います。はじめから難しい、クライエントにとって大きな抵抗があるようなことは避けるべきでしょう。

一般的に言って、直面化の技法を使うときには、「少しずつ、少しずつ」おこなうことです。クライエントが自分のなかの「矛盾」や「不一致」に気づいたからといって、たちどころに大きな変化が起こるわけではないのです。しかし、それが自己理解ないし洞察への第一歩になりうると思います。

上手に直面化をおこなうことができれば、クライエントは自分自身と自分が抱えている痛み、苦悩、思考、感情、行動といったものを、今までとは違った角度から見ることが可能になるでしょうし、これまでとは少し違った思考や行動をとることができるようになるのではないでしょうか。

もちろん直面化への道のりは険しいことも少なくないでしょう。夫婦の問題について話し合っているときに、若いカウンセラーはクライエントから「○○先生は結婚していらっしゃるのですか」と質問されたりすることがあります。その言葉の裏には「先生はご自分が結婚していないのに、どうして私たち夫婦のことがわかるのですか」という一種の抵抗が隠されています。子どもの問題で相談をしているときに、「○○先生はお子さんがおありですか」といった質問をされるときも、同じような抵抗あるいは牽制のようなものと考えられます。カウンセラーはそれにうろたえる必要はありません。自分の不安を隠すために嘘をつくことは最悪です。こうしたときには、「○○さんは、私が結婚していないのに、どうして夫婦の問題がわかるだろうかとご心配のようですね」と言うのもいいでしょう。また、「いいえ、結婚していないのですよ」とさらりとかわすのもいいでしょう。しかし、もっとも大切なことは、カウンセラーが動揺してしまわないことです。もし、動揺した場合には、自分の心のなかで、「クライエントの質問で自分は動揺してしまったな」ということを、率直に認めることです。カウンセラーは自分の心のなかで何が起こっているかに率直でありたいものです。

クライエントのなかには、カウンセラーが指摘したことに反論する人もいるでしょう。そうした場合には、カウンセラーは「自分の直面化が少し早すぎたかもしれない」と思うべきでしょう。しかし、多くの場合、それは決して致命的なミスにはならないことが多いのです。時期が来れば、クライエントはカウンセラーの指摘したことを理解します。また、カウンセラーが直面化で言ったことを、あとになってクライエントが自分で考えついたように話すことが少なくありません。クライエントが受け入れなかった場合には、「少し急ぎすぎたかもしれないな」と、カウンセラーは心のなかで反省し、それを心にとどめておくといった態度をとるのもいいのではないでしょうか。

3 解釈

カウンセリングの面接中にクライエントはさまざまな形で、カウンセラーに多くのメッセージを送ってきます。カウンセラーはその意味を理解して、「理解しましたよ」ということをクライエントに伝えるだけではなく、クライエントの伝えてくるメッセージの意味のうちでも、クライエントが気づいていない部分を取り上げて、クライエントに新しい意味づけ、新しい見方、これまで気づいていなかったポイントなどがある可能性を伝えることも大切な役割です。可能性と書いた理由は、カウンセラーは自分が見たクライエントの話や行動の意味を決して絶対的であるとか、最終的なものとして伝えるものではなく、あくまで一種の仮説として伝えるわけです。そこには、クライエントがカウンセラーの説明や指摘を受け入れる前に、質問する自由、考える自由、保留する自由、拒絶する自由、などがあるからです。もちろん、クライエントが自分の話していること、おこなっていることについて十分な理解つまり洞察に達することができるならば、素晴らしいことです。しかし、多くの場合より良い理解に向けて、クライエントとカウンセラーが一緒になって歩むことができれば、それがやがてクライエントの自己理解と行動の変化につながっていくと考えていいのではないでしょうか。

カウンセラーがクライエントの話したことの意味、おこなった行動の意味、考えや感情あるいは非言語的な行動の意味といったことをどのくらい取り上げるかは、学派によって違ってくるのは当然です。来談者中心の枠組みでは、普通、カウンセラーはクライエントの思考や行動を取り上げて、その説明や解釈をするといったことはしません。カウンセラーはクライエントの話すことに耳を傾け、感情を反射し、言葉をかえてクライエントの話していることを投げ返したり、話していることについて「あなたのおっしゃりたいのは○○ということでしょうか」という感じで明確にします。そして、「共に歩む」ということに徹するでしょう。そうしたことが、やがてクライエントの自己理解につながっていくという立場をとるわけです。

精神分析的な立場のカウンセラーは、クライエントの行動、話す内容、考え、経験、感情とそれの原因と考えられるものとの間の関係を考えてみるためのヒントを投げかけるでしょう。もちろん、クライエントがすべてそうした内容を話したり、意識的に考えたりしているわけではありません。クライエントがぼんやりとしか気づいていないことや、全く気がついていない世界に、カウンセラーが入っていく場合もあるでしょう。ただ、クライエントが全く気がついていないような内容を取り上げることは、クライエントにとっては理解しがたい部分であり、「クライエントの抵抗が強い」とか、「早まった解釈」になりがちであることは当然です。

そうした配慮をしながら、カウンセラーがクライエントの内的な世界を少しずつ取り上げ、話しあっていくならば、クライエントがまだ十分に気づいていなかった自分に気づき、自己理解を助け、それがより良いカウンセリング関係を助長し、カウンセリングの効果を上げることを可能にするだろうと思います。私たちは誰でも、さまざまな角度から自分を見つめることはきわめて難しいものです。したがって、カウンセラーはクライエントとの間に築かれた援助関係のうえにたって、クライエントにとって受け入れることが可能な範囲で、クライエントの話したことやおこなったことと、まだクライエントの気づいていない思考や感情あるいは行動の意味といったことを、少しずつ結びつけていくことが大切なのではないでしょうか。

クライエントが気づいていない内容を取り上げて解釈するということは、多くの場合クライエントに自分の心の奥に目を向けてもらおうという試みです。しかし、この場合、クライエントが全く気がついていないような内容や事象を取り上げることは、クライエントにとってはなかなか受け入れ難いことです。したがって、カウンセラーはクライエントの考えや気持ちに近いことを指摘することから始める方が安全ですし、クライエントにとっても受け入れやすいと思います。このことはカウンセリングを進めていくうえで非常に大切なことです。いくらカウンセラーがクライエントの心の深層を把握していたとしても、クライエントが全く気づいていない、クライエントにとっては「突拍子もない」ような内容では、クライエントは受けつけませんし、ときによってはカウンセリング関係を損なうおそれすら生じます。解釈をおこなう場合、カウンセラーはクライエントにとっては受け入れやすい内容から始め、クライエントの理解や洞察に結びつけるということを覚えておきたいものです。

解釈というのは、カウンセラーがクライエントに気づいてもらい、できるならばそれによって考えを変えたり、行動をおこして欲しいわけです。したがって、クライエントが思考や行動を変えやすいようなことを取り上げるほうが、抽象的あるいはあまりにも内的なものよりも、受け入れやすいかもしれません。つまり、クライエントにとって非常にわかりにくい、実行困難なことは解釈の対象としては、すぐには取り上げない方がいいようです。

また、同じ現象あるいは事態であっても、否定的に見るよりも、肯定的に見る方が解釈としては受け入れやすいでしょうし、また実行に移しやすいようです。たとえば、長い間、母親に依存的だった青年に、

「○○さん、お父さんの会社が倒産して、あなたの面倒をずっとみてくださっていたお母さんが毎日仕事に出ていくようになったので、あなたはほったらかしにされているような気持ちになり、お母さんが仕事にいくことを嫌がったり、文句を言っているようにみえるのですが、どうなんでしょう」

と話すのに対して、

「○○さんにとって、これまで毎日家にいて面倒をみてくださったお母さんが、働きに出ていくことは、ちょっと淋しいし、辛いことかもしれないけれど、あなたが自分で自分のことをやっていくよいチャンスのようにみえるのですけど」

と肯定的に話すほうが、クライエントにとっては受け入れやすいし、その結果、実行に結びつけやす

いようです。

【練習問題1】

職場で昇進を言われた女性社員が、昇進を（非常に不安を感じて）嫌がるケース

クライエントは「自分は大学出身者でないし、中間管理者としての仕事をやれるか不安である」

（1）まず、クライエントの不安の原因を考えてみましょう

たとえば、次のような可能性が考えられます

成功した女性のモデルに出会っていない

出しゃばって（成功して）皆からいじめられた

努力して、成功しても、それを誉めて（評価して）もらえなかった

自分が成功（昇進）することにより仲間を失うのではないかという不安

この女性の心のなかに、解決されていない葛藤がある

自分のアイデンティティの未確立

彼女はこれまで他者に依存してきて、自立できていない

失敗に対する不安

対人関係を結ぶことに困難を感じている

リーダーシップをとることへの恐れと気兼ね

（2）クライエントに自分の成功経験を見つめてもらいましょう

たとえば、次のようなことが考えられます

計画性がある

勤勉である

仕事をうまくやれてきた

上司から高く評価されている

（3）どんな状態ならば、クライエントは安心して働けると思うかを話し合いましょう

【練習問題2】

職場の仲間と仕事上はうまくやれているのですが、皆は競馬とかパチンコといったギャンブルをやり、職場でもそうした話題が多い。クライエントはギャンブルがきらいです。しかし、仲間外れになるのも不本意のようです。

クライエントについて次のようなことを考えてみましょう

クライエントは何を訴えようとしているのでしょうか

クライエントの置かれている現状はどんなものでしょうか

クライエントが説明した状態を別の角度から見ることはできるでしょうか
クライエントの良さあるいは強さ、というのはどんなところでしょうか
クライエントの置かれている状態を指摘したり、クライエントの気持ちを反射するためにはどんな言葉を使えばいいでしょうか

この節で取り上げた解釈と、前節で説明した直面化とは違うものですが、カウンセラーからみるとやや似た側面があるように思えます。ただ、直面化がクライエントの話していること、考えていることのなかに、あるいは話している内容と顔の表情や姿勢といった非言語的なメッセージとの間に、「矛盾」や「不一致」がある点を取り上げるのに対して、解釈はクライエントがこれまで、何度も話したことや、表情や動作をヒントにして、カウンセラーがクライエントの心のなかにあるものを説明するわけです。両者は異なった技術ですが、カウンセラーが「指摘」をしても、クライエントがそれを受け入れることができるかを十分に考え、また発言のタイミングを見計らい、クライエントが受け入れやすいような言葉で指摘することが大切です。クライエントがすぐに受け入れない場合でも、慌てないでしばらくの間は受動的に見守るといった点で共通なところも少なくありません。

4　情報の提供

これまでカウンセリングでは、カウンセラーはクライエントにあまり情報を提供してはならないと

言われてきました。たしかに、カウンセラーが情報を提供することによって、クライエントの依存性が増したり、クライエントに指示したり、強い影響を与えることはつつしまなくてはならないと思います。しかし、クライエントの問題が明らかに情報の欠如であるといったような場合には、クライエントに最低限の情報を伝えることがカウンセラーの責任である場合も少なくありません。たとえば、子どもの身体的な状況、とくに精神疾患であるとか医学的な検査ないし治療を必要とするような場合には、どこで検査を受けることが可能であるか、どこに治療機関があるかといった情報を知らせることは、カウンセラーとして大切なことではないでしょうか。

情報の提供に対するカウンセリング界での抵抗の一つは、クライエントの依存性を強めるということでした。情報を与えることにより、カウンセラーがクライエントよりも一段高いところにいるとか、カウンセラーは教える側でありクライエントは習う側であるという構図ができ上がってしまうことへの不安と抵抗のためだったと思います。

しかし、カウンセリングを進めていくと、クライエントが自分にとって非常に大切な情報すら全く知らないということがわかってきます。こうしたときには、クライエントの依存性を不必要に高めないように配慮しながら、最小限の情報を伝えることは許されるべきことでしょう。さまざまな病気に悩むクライエント、家庭内暴力で心身が傷ついているクライエント、その他の心的外傷に苦しむクライエント、仕事を失っているクライエントに、どういうところへ行けば情報が与えられまた援助が得られるかということを知らせることは、非常に大切な援助になると思います。社会福祉の分野では、昔から情報の提供あるいは社会的な資源の活用といった言葉で、クライエントにとって必要なさまざまな情報を提供しています。

クライエントのなかには情報の欠如のために困っている人が少なくありません。どこへ行けば援助が得られるか、情報が与えられるかを知らないために、不必要な心配をしたり、困ったりしているのです。情報が与えられることによって、クライエントにとっては自分の進むべき道、とるべき行動、下すべき判断をより広い範囲から選択することが可能になるでしょうし、より早く決断することができるに違いありません。自分のとるべき行動なり選択の範囲が広がるということは、不安感を減少させ、より健全な生活を送れるようになるに違いありません。仮に、最終的な選択や決定は同じになっても、多くのオプションというか可能性のなかから結論を出すのと、やむなくそれを選択するのとでは、クライエントの気持ちは大きく異なることでしょう。また、選択はより健全なものに近づくことができると思います。

ここで誤解のないようにしていただきたいのは、「情報の提供」は「忠告」とは違うという点です。「忠告」というのは、「どうすれば良いか」といった問題の解決方法なり「どうすべきか」ということを「教える」ことです。これに対して、「情報の提供」は、クライエントにとって必要な情報を示して、そのなかからどれが必要であるかという判断は、あくまでもその人が選択決定し、どのような結論を出すかは、その人にまかすというところでおおいに違いがあります。つまり、「情報の提供」ではクライエントが自分で選択し、自分で決定することが百パーセント尊重されるべきです。

「情報の提供」の枠をはみ出して、カウンセラーがクライエントに「こうしてはどうですか」とすすめて結果が良ければ、クライエントはカウンセラーに依存的になりがちです。そして、もし、カウンセラーがすすめたことが失敗すると、クライエントは「なんだこのカウンセラーは駄目じゃないか」という気持ちになり、どちらにしてもカウンセリングを進めるうえでマイナスになりがちです。したがって、クライエントの選択と決定を尊重するということが、「情報の提供」では非常に大切なことなのです。

カウンセラーが情報を提供したからといって、クライエントが常にそのなかから選択と決定をするとはかぎりません。クライエントのなかには、カウンセラーから情報を提供してもらうこと自体が、恥ずかしいことだと思う人もいます。とくに、独立と依存の間の葛藤に悩まされている人の場合には、そうした気持ちになることが少なくありません。そんなときには、クライエントは往々にして、情報のすべてを拒否することがあります。したがって、カウンセラーはクライエントに情報を提供しても、それをどうするかはクライエントの選択決定を尊重するという立場を貫きたいものです。

また、情報を提供するときには、誰にもわかるやさしい言葉で説明するように心がけましょう。カウンセラーにとっては日常使い慣れている用語でも、クライエントにとっては、難しい言葉であることも少なくありません。クライエントは良く理解できなくても、あらためてその言葉の意味を聞くことが恥ずかしいので、理解できないままになってしまうことがあるからです。

情報を伝えるときには、クライエントにとって都合がよいことばかりではなく、本人にとっては不利であったり、嫌なことであったりしても伝えなくてはならないこともあります。しかし、あまりにも多くの情報をいっぺんに与えることは禁物です。クライエントは十分に把握できないで、情報の消化不良を起こしてしまう危険性があるからです。

カウンセラーはクライエントにとってどんな情報が大切かを考え、またクライエントが知らないことを伝えてこそ意味があるのです。また、情報の提供は、ただたくさんのことを伝えればいいわけではありません。ですから、どの情報がクライエントにとって大切かをよく考えてから伝えましょう。私たちは誰でも、第一印象というか最初に聞いたことを最もよく覚える傾向があります。したがって、可能ならばクライエントにとって最も大切と思われる情報から伝えるほうがよいのではないでしょうか。

情報によってはクライエントは怒り、不安、焦り、恐れといった強い情緒的な反応を引き起こす可能性があります。したがって、カウンセラーは情報を提供する場合、クライエントに「このことについてどう思われますか」といった具合にクライエントの気持ちや考えを尋ねながら、少しずつ面接を進めていくことが大切です。

5　要　約

カウンセラーが一生懸命に傾聴していると、クライエントはさまざまなことを話し始めます。このときに、カウンセラーはクライエントの話に耳を傾けながら、同時にその内容を吟味しているわけです。吟味のなかには、感情の深さ、心的な力動、望ましい行動が起こらずになぜ困った行動が多いのかということにはじまり、この本で取り上げられているさまざまな問題、感情、行動などを含みます。しかし、ここで紹介したいのは、クライエントが何度も話すテーマソングのような内容に目を向け、耳を傾けるということです。これは、ある一つの面接のなかで何度も話されることもありますが、いくつかの面接にわたって繰り返し語られる場合も少なくありません。

いずれにしろ、カウンセラーはクライエントが何度も話したことのなかで、クライエントが最も訴えたい内容や、カウンセリングを進めるうえで非常に重要だと思うポイントを取り上げるのが、「要約」です。

とくに、クライエントがあまりにもたくさんのことを話したり、話す内容や問題が漠然としているときに、重要と思われるところに焦点を合わせることによって、面接の進展を助けるのがねらいです。そのためにはクライエントが何度も語る内容のなかから何を取りあげてテーマソングにするかを吟味することが大切です。また、ときとしては、クライエントがあてどもなくしゃべりつづけるような場合に、クライエントにとって大切と思われる内容を絞り込んで、それを投げ返すことにより、面接を軌道に乗せる役を果たすこともあります。クライエントが次から次へ話題を変えて、内容に「落ち着き」がないようなときにも、カウンセラーがクライエントの話す内容のなかで、「ここ」と思う点を取り上げることも大切なことだと思います。

〈クライエントの話〉「僕は小学校の一年生の頃から、野球一筋に生きてきました。子どものときはリトルリーグのエースピッチャーで四番を打っていました。高校ではあと一歩で甲子園に行けるところまでやりました。できるならばプロの選手になりたいと思っていました。それが駄目なら、社会人の選手になりたいと思っていたのです。でも、この頃になって野球だけが人生なのかと思うような気がしてきたのです。僕は、野球以外のことは全く知りません。それで、長い人生をまともに送っていけるのだろうかという不安のようなものが頭をよこぎるようになりました」

〈カウンセラーの要約〉「あなたは野球だけが人生なのだろうかという疑問を感じはじめてらっしゃるようですが、いかがなんでしょう?」

〈クライエントの話〉「私はお人好しなんでしょうか。家族のなかでは、両親の気持ちを損ねないようにいつも父や母の言うとおりにしてきました。学生時代にはゼミナールやクラブ活動のサークルのなかでも、〈いや〉と言えずに、いつも口惜しい思いをしていました。そして、今も職場で上司や同僚の機嫌を損ねまいとしている自分にうんざりしているんです。朝、家を出るときに〈今日は、絶対自分の意見を通すぞ〉と自分に言い聞かせて職場に行くんですが、結局だめなんです」

〈カウンセラーの要約〉「あなたはいつも相手の言いなりになっているご自分のあり方を変えたいと思っておられるのですね」

要約はカウンセラーだけがするわけではありません。ときには、カウンセラーがクライエントにその日話し合ったことを、要約してもらうことがあってもよいでしょう。

たとえば、カウンセラーが、

「きょうはずいぶんいろんなことを話し合いました。○○さんのほうで、大切とお思いになるポイントをまとめてみてくださいませんか」と言うのもいいでしょう。

いくつかの面接を通じてクライエントが話した内容や、繰り返し出てきた事柄、考え、感情といったものを「要約」的に話すことは、カウンセラーにとって難しいことかもしれません。その準備のためにも、面接が終わったあとで、何らかのかたちで面接の記録をとっておくことが大切だと思います。記録を書くだけではなく、面接前に読み返すことにより、クライエントの話したことが鮮明によみがえってくるものです。

記録には、面接中にクライエントが話したことやカウンセラーが話したことをできるだけ忠実に再現する逐語記録のようなものもあります。これはカウンセラーの訓練のためには大変よい方法です。しかし、大勢のクライエントを面接するカウンセラーにとってはあまりにも時間を取り過ぎます。したがって、面接のなかで大切と思われることをメモし、カウンセラーの印象や判断を記入しておく要約的な記録が最小限の時間で大きな効果をあげることができるものだと思います。そのなかには、カウンセラーが観察したクライエントの非言語的な表現も記入しておくことを忘れてはなりません。

こうしたメモを読むときに、面接全体がカウンセラーの頭のなかに浮かび上がってくるでしょう。そんなときにクライエントが何度も繰り返して話したテーマソングのような内容がカウンセラーの頭のなかに浮かんでくるはずです。カウンセラーのなかには、こうした記録に頼らなくても、面接中に自然に要約すべき内容に気づく人もいます。しかし、そうした段階に達するためには、面接の後で記録を取ることによって、面接を振り返り、自分とクライエントの話した内容をチェックし、反省するといった繰り返しのなかから、カウンセリングの流れを把握することができるようになっていくのです。

6　リードの原則

この章で述べたさまざまな積極的な技法は、カウンセラーが話すことに対して、クライエントが応答することで、初めてカウンセリングの流れにそうことができるのです。こうしたカウンセラーのクライエントへの働きかけをリード（lead）という言葉で表わすことがあります。リードとは本来、リーダーが先頭にたって他の人びとをひっぱっていくという意味に使われることが多いようです。しかし、ロビンソンがこの言葉を提唱して以来、カウンセリングではリードという言葉は、クライエントが十分に理解し、受け入れることができると思われる質問、説明、解釈、直面化、情報の提供、要約などの積極的な働きかけをすることを意味するようになりました。

この「リード」という考え方はさまざまな球技でおこなうパスと非常によく似ています。サッカー、バスケットボール、アメリカンフットボールでも、選手から選手へパスという形でボールが送られます。この場合、ボールを受ける選手がじっと立っているところへパスを送ったのでは、リードは全くありません。したがって、リードしたパスというのはボールを受けようとする味方の選手が相手のゴールに向かって走る方向へ送り出すのがリードです。ボールを受ける選手が全速力で走ってパスされたボールを取ることができるならば、それが最大のリードです。それに比べて、ボールを受ける選手が大してスピードを上げなくても、受けることができるパスは、あまり大きなリードとはいえません。

ボールを送り出す選手は、ボールを受ける選手が最大のスピードで走って受けることができるところへ、パスをすることが一番良いパスと言えるでしょう。しかし、こうしたパスはボールの受け手がちょっとスタートが遅れたり、途中でスピードがでなくなったりすると、ボールに追いつくことができません。それどころか、相手にボールを取られてしまう危険性も出てきます。ですから、パスを出すにはただ闇雲に前の方にボールを送れば良いというものではなく、ボールを受ける味方が確実に受けることができるということが大切です。この他、相手チームの選手がどこにいるかも考慮に入れなくてはならないでしょう。相手の選手がいるところへは、パスを出すことはできません。屋外ならば雨や風も考慮に入れなくてはならないでしょうし、グラウンドの状態も考えなくてはなりません。

これと同じように、カウンセリングでもクライエントがどのくらいカウンセラーとの間に親しい援助関係があるか、どのくらいカウンセラーを信頼し心を開いているか、どのくらい洞察力があるか、問題を解決するための動機付けが強いかといったことを考慮に入れる必要があります。

一般的にいって、微妙な感情を含むことは、あまり大きなリードを取らないほうが安全だと思います。もし、リードが大きすぎると、クライエントにはなかなか受け入れにくいでしょうし、緊張したり、反発したり、さまざまな抵抗をするでしょう。したがって、カウンセラーはクライエントが落ち着いてカウンセラーの話を聞くことができるように、比較的小さなリードからはじめ、クライエントが馴れてきたら次第に、リードの量を大きくするといった配慮が必要だと思います。

沈黙の尊重とか受容というのは、リードの量から言えば小さいものです。これに対して感情の反射、明確化、要約、情報の提供、直面化、解釈へと進むにつれて、リードの量は大きくなっていきます。ですから、カウンセラーはクライエントの現在の状態と理解の程度を頭に入れながらリードを考えるべきでしょう。

カウンセラーが何度も大きなリードを使うと、クライエントは防衛的になり、自分の心を閉ざし、抵抗をするようになります。しかし、逆にカウンセラーがあまりにも消極的になりすぎると、クライエントはすべての責任を自分に押しつけてカウンセラーは何もしないといった不満を感じるようになります。何度も述べたように、傾聴ということはただ黙っているのではありません。言葉には出さなくても、クライエントの話をカウンセラーが一生懸命に聴くという姿が非言語的にクライエントに伝わっているはずです。

同じクライエントであっても、話題や話の内容によって、大きなリードを受け取れることもあれば、小さなリードしか受け取れないこともあります。ですから、カウンセラーはその場その時の状況と話題によって、リードの大きさを考えなくてはならないでしょう。

普通、最初はできるだけ小さなリードで始めるのがいいでしょう。まだ、カウンセリングのための援助関係が十分にできあがっていないからです。そうした状態では、カウンセラーが少しリードを大きくすると、クライエントは抵抗を感じるものです。しかし、カウンセリング関係がしっかりとしてくると、積極的なカウンセリングに対してもクライエントは心を開き、クライエント自身が考え、選択し、実行しようという気持ちをもつようになってきます。

リードの原則というのは、それだけで一つの技法というものではありません。むしろカウンセリングを進めていくための、大きな原則と考えるべきことだと思います。

カウンセラーのクライエントに対する積極的な働きかけには、このほかクライエントのカウンセラーに対する個人的な感情をどのように取り上げるか、逆にカウンセラーのクライエントに対する個人的な感情にどのように対処するかもあると思います。こうした難しい問題と正面から向き合い、そうした感情を解決するときに、カウンセリングは非常に深いレベルに入っていくことでしょう。しかし、そうした内容はこの本の限界を越えた領域だと考えています。

ここで取り上げたカウンセリングは傾聴を中心的な位置において、カウンセラーがクライエントにできるだけ温かく接し、気持ちをくみ、「わかりました」ということを相手に伝えることを最も大切なこととして強調してきました。そして、そのうえにたって、さまざまな技法を紹介したわけです。ただ、この章では、その枠組みを少し変えて、質問、直面化、解釈、情報の提供、要約といった少し大きなリードをとる方法を紹介しました。

第8章 面接記録と援助計画

1 記録についての考え方

カウンセラーはクライエントから初めて相談があったときから、どんな手段で（たとえば、電話で、あるいは突然の訪問といったかたちで）相談があったのか、何がどう話されたか、カウンセラーはそれにどう対応したかということに始まり、その後どう面接を進めようとしたか、そして実際に面接がどう進んだかということを記録に残しておくことが大切です。

電話での連絡や申し込みの場合には、いつ電話を受けたか、いつどのくらいの長さの予約をしたのか、その後キャンセルがあったならばそのことも記入しておきましょう。多くの機関ではクライエントごとにファイルを作って、面接や連絡がある度に、その要点を記録しています。こうした内容は、カウンセラーがカウンセリングを進めていくうえで、貴重な指針となるものです。

連絡や面接の内容は、その直後はよく憶えていますが、時がたつにつれて記憶が薄れてきます。ですから、大切と思われることはすべて記録に書いておくべきです。

記録を書く場合には、できるだけ専門用語を避け、「クライエントは何をどんな具合に語り」「カウンセラーは何をどう聞いたか」「カウンセラーはどんな印象を受け、どんな感じを受けたか」といったことを、出来るだけ客観的にしかも具体的に書きとめておくことが大切です。もちろん、カウンセラーは面接中あるいは面接後にいろいろなことを感じたり、考えるのは当然です。そうした内容は、カウンセリングを進めるうえで、大切な指針になることが多いと思います。したがって、記録のなかに、そのエッセンスのようなものを、「カウンセラーの意見、感想、考え」として、別に書き留めておくことが大切です。

しかし、具体的な内容や描写をあげないで、臨床的な診断用語や抽象的な言葉を使うことはできるだけ避けたいものです。さもないと、それが一種の先入観になって、カウンセリングを進めるうえでの障害になる恐れがあるからです。たとえば、「妄想」とか「妄想知覚」といった言葉はできるだけ避けて、「隣りや向側に座っている人が何かを言ったり咳払いをしたりすると、自分の悪口を言っていると思う」といった具体的な事実や言葉を記述するほうがいいでしょう。同じように、「健忘」といった言葉ではなく、「〈何処にいたか〉〈何をしていたのか〉〈自分は何歳であるか〉〈自分はどこに住んでいるか〉といったことを憶えていない」と書くほうがいいと思います。こうした書き方ならば、あとからほかのカウンセラーが読んでも、「クライエントの状態」を明確に把握しやすいし、書いたカウンセラー自身も最初の接触で起こったことを具体的に想い出すことができるからです。

また、受理面接が終わったら、カウンセラーが考えるクライエント像といったものを書いておくことが大切だと思います。もちろん、それは最初の印象にすぎないかもしれませんし、援助面接を始めるときの判断であって、後に改められたり、変更されることがあるでしょう。しかし、カウンセラーの最初の印象は、とても大切なものだと思います。こうした「仮説的な印象や判断」があとになって変更されることにより、カウンセラーのその後の理解がより的確なものになるでしょうし、カウンセリングの経験の積み重ねになっていくに違いありません。

2　最初の面接（受理面接）の記録

カウンセラーの属する機関や自分が「拠りどころ」としているカウンセリングの理論や立場によっても、記録の内容は違ってきます。ただ、多くの機関では、次のような内容を最初の面接でクライエントに書いてもらっています。もちろん、ここに書いてあることをすべて書いてもらうのではなく、各機関やカウンセラーが必要と思われる最小限のことを記入してもらうように、用紙を工夫しておきましょう。

A　参考資料

・クライエント　氏名、住所、電話、年齢（生年月日）、学歴、職業、結婚

・家族　氏名、性別、年齢、学歴、職業、同居あるいは別居

B　相談の理由

このことはクライエントから電話で聞くこともあるでしょうし、最初の面接の前に記入してもらう場合もあります。また、カウンセラーが最初の面接で直接尋ねることもあります。なお、クライエントが話したこととカウンセラーが感じた印象や判断は区別して書いておくほうがいいでしょう。

（1）クライエントが話した相談理由（主訴）　どんな理由でクライエントは相談にやってきたのでしょうか。

まず、クライエントの話したことを書きましょう。そしてその情況についてクライエントが説明した内容とそれがどのような経過をたどって現在の状態になったかも書き留めておきたいものです。クライエントがどうしてそういった情況になったと思っているのか、その解決のためにどんなことをしてきたかも書いておきましょう。

（2）記録のなかには、身体の変調や病気、心理的な悩み、行動上の問題、それがいつ起こっ

たか、その後どんな経過をたどったかも書ければいいと思います。

（3）これまではクライエントの話した内容に焦点を当てて書いてきましたが、カウンセラーがこれまでの内容についてどのように感じたか、考えたかも書き留めておきたいものです。

C　生活歴

これは、ヒストリーと呼ばれているものです。児童相談所のように、子どもの相談を主な活動としている機関では、心理士やケースワーカーが親から子どもの成長発達について尋ねて書くことが多いでしょう。思春期以上の年齢のクライエントには、本人自身に尋ねます。普通たいていの人は小学校入学前後ぐらいのことまでしか想い出せないでしょう。また、すべてについて尋ねるよりも、カウンセラーの判断で、大切だと思われることだけを話してもらうべきです。

カウンセラーのなかには、こうした生活歴については尋ねるべきではなく、クライエントが話す内容に、一生懸命耳を傾けるべきだという立場をとる人も少なくありません。そうした立場は、カウンセラーが所属する施設や機関に特別な決まりがないかぎり尊重したいものです。

1　生まれた頃の状態

クライエントが生まれたときの家族の構成員、家庭の雰囲気、住居や地理的な環境、親の職業、クライエントが生まれてくることへの家族の気持ちや態度、生まれてきたときの状態、生まれたときの家族の反応、妊娠中や授乳中の母親の健康と心理的な状態、誰が主に子どもの世話をしたか、など。

2 乳幼児期

母親や父親であっても、子どもが赤ちゃんの頃のことは憶えていないことが多いものです。したがって、あまり正確に記憶していなくても、「それは当然です」といった態度で、親の答えられることだけを尋ねることが大切です。

首すわり、発語、歯の生えはじめ、座りはじめ、歩きはじめ、病気、授乳（母乳か人工栄養か、お乳の量、時間を決めて与えたのか）、離乳（いつ頃から、どんな具合にはじめたのか、困ったことはなかったか、離乳後の食事）、いつ頃から一人で食べることができるようになったか、好き嫌い、そのほか食事に関係する問題。

おむつの取り替え（時間を決めて、濡れたらその都度）、大小便のしつけはいつ頃から、どんな具合にして、そのほか大小便に関係して困ったこと。

誰に一番なついていたか、誰が主に世話をしたか。

育て方（一人で寝かしたのか、よく抱いたりおんぶしたりしたのか、いつも誰かがついていたのか）、就寝（添い寝をしたか、誰と寝たか、夜泣きや寝ぼけがあったか）。

どんな子どもだったか（手のかかる子、手がかからない子、泣き虫、乱暴、人見知りをする子、大人とばかり遊ぶ、ほかの子どもと遊ばない、一人でしか遊ばない、外に出ないで家の中にばかりいる）。

3　保育所・幼稚園・小学校時代

どんな子どもでしたか（性格、仲間や先生との人間関係、遊び方など）、通所・通園・登校を喜んで行ったか、保育所・幼稚園・学校への適応の具合（勉強、成績、お友達、先生、遊び仲間のグループとの交わり）、その頃の家庭内の情況、近所との交わりや生活。

4　中学・高校・大学時代

どんな少年少女あるいは青年だったか（性格、仲間や先生との人間関係、遊び方、勉強など）、学校への適応（勉強、成績、先生との交わり、仲間のグループでの役割や存在感）、異性に対する関心と交わり方、性的な目覚めや性的なことに対する関心や経験、思想や人生観への目覚め、当時の家庭情況、校外での活動

5　家庭について

（1）父母または養父母について――年齢、性格、生い立ち、学歴、職業、家庭生活、社会生活、収入、趣味。

家庭のなかでどんな父親あるいは母親だったか、父母の間の人間関係、お互いに対する態度、クライエントを含めて子どもの扱い、教育への関心、しつけへの関心とそのやり方、家族以外の人との関係、クライエントと父母との関係。

（2）兄弟姉妹について――年齢、性格、学歴、職業、収入、家庭のなかでの生活、趣味、父母との関係、兄弟姉妹間の関係、クライエントとの関係、クライエントが一緒に生活して

いた祖父母や同居していた人との関係。

（3） 結婚後の生活――配偶者の年齢、性格、学歴、職業、収入、家庭内での行動や役割、クライエントとの関係とその特質、結婚にいたるまでの経過（見合い、恋愛、両親の態度）、結婚後にみられた配偶者の変化、二人の関係の変化。

（4） 経済状態――現在経済的に自立しているか、これまで経済的にはどのような生活を送ってきたか、どんな変化を経験したか。

（5） 趣味、休日の過ごし方

6 職 業

職歴、転職の理由、現在の職業についてどう思っているか、仕事についての満足度と不満、職場の人間関係、将来についての見通し（希望と不安）、仕事のうえでの成功と失敗。

7 性生活

結婚までの異性との交際、恋愛、性的経験、性欲など。

夫婦間の性的な適応状態、夫婦間以外での性的な交渉があればその原因、動機、経過など。

8 子ども

子どもが生まれることに対してどんな気持ちを抱いたか、子どもの出産が夫婦にどのような影響を与えたか、子どもの養育についての方針、役割の分担。

9　その他

宗教、交際、どんな薬を常用しているか、属している団体やグループ。

これまでに述べた項目のすべてを機械的にクライエントに尋ねるわけではありません。カウンセラーの判断で、初回（受理）面接あるいは初期の段階で、必要と思われる項目だけを聞くわけです。カウンセラーのなかには、クライエントが話すまでこうした内容については尋ねない人もいます。それも一つの立場です。ただ、私はクライエントにとって重要だと考えられる項目については、不自然あるいはクライエントに失礼にならない範囲内で、初回面接あるいは初期の段階で尋ねるようにしています。

もちろん、尋ねる内容はクライエントの主訴というか相談に来た理由によります。夫婦間の不和とか葛藤の相談ならば、思春期以後に異性とどのように接したか、異性との出会いや別れの経験、どんな交わり方をしたかなどを尋ねることが必要でしょう。しかし、仕事に関する問題で相談に来たのならば、そうした項目は必ずしも尋ねる必要はないでしょう。何度も述べますが、生育歴を尋ねない立場のカウンセラーも大勢います。ただ、情報の多い少ないに関係なく、得られた情報の主要な点は記録にとどめるだけではなく、話したときのクライエントの表情や態度それにカウンセラーが感じたことなども、記録しておくことが大切だと思います。

D　援助計画

初回（受理）面接が終わった段階で、あるいはクライエントをカウンセラーが担当することが決まった段階で、クライエントについての印象とともに今後どのようにカウンセリングを進めていくかをメモにして記録に書いておくカウンセラーもいます。私はこのことを重要なことだと思っています。もちろん、クライエントをあるがままに受け入れ、気持ちをくみ、良いカウンセリング関係をつくっていくといった、カウンセリングの基本的な要素と枠組みだけを考える立場の人もいるでしょう。あるいは、面接を始める前に、予想されるカウンセリングの過程を考えて、可能ならばどんなことを援助の目的にするかを考えておく立場のカウンセラーもいるに違いありません。

ある女性のクライエントは、幼少期から父親の厳しいしつけの方針のもとで育ちました。父親の言ったことを何でも子どもにそのまま押しつける母親に育てられ、異性との交際は全く許してもらえず、本人がやりたかったクラブ活動にも参加させてもらえず、授業が終わると真っ直ぐに家へ帰ってくるようにしつけられました。その後、親が決めた相手と結婚し、今度は夫に言われる通りの生活をしてきました。

この女性が三十歳のときに、子どもの問題で児童相談所を尋ねてきました。受理面接の後で、今後どのようにカウンセリングをおこなうかを決める（措置）会議が開かれましたが、何人かのカウンセラーが面接を進めていく過程で、次のような経過を予想しました。

この女性はカウンセリング関係が出来上がる段階で、カウンセラーに児童期の子どものように接してくるかもしれません。そうしたクライエントの態度や行動を尊重して受け入れているあいだに、このクライエントのカウンセラーに対する態度は、幼い子どものような接し方から、次第に年長の子どもの態度に変わり、やがて思春期の子どもが親や大人に対して抱くような感情を経験することになる可能性が大きいし、そのことの重要性が指摘されました。こうした経験を通して、彼女が少しずつ成熟した女性へ成長していく可能性を一つの希望として予想したのです。こうしたことは、面接を進めていく大枠の計画として記録のなかにメモをしておくべきことでしょう。

カウンセラーのなかには、クライエントが困っていること、その困っていることの前にはどんなことが起こったのか、そしてどんな結果になったのか、それを解決するためにどんな方法あるいは技法を使うかを考え、メモしておく人もいるでしょう。たとえば、初めは、「てんかん」のような発作を起こして意識を失って倒れるクライエントの状態について詳しく聞いていると、「いつ」「どこで」「誰と」「どんなことが起こり」「どんな場合」に発作が起こるかが明らかになってきました。

「家のなか」「布団や畳の上」「お姑さんといざこざがあった後」「夫が家に帰ってくる直前、あるいは直後」に「ヒステリーの発作のような」状態が起こっていることがわかってきたのです。そして、カウンセラーがこのクライエントに温かく受容的に接し、クライエントの気持ちをくむことに努力していると、クライエントはカウンセラーに陽性の（肯定的な）転移のような感情を経験するかもしれません。それをあくまで中立的な態度で受け入れて接しているうちに、クライエントがカウンセラーに対する気持ちを通して、カウンセラーの温かさ、支え、受容を経験することにより、やがて夫との関係をより成熟したものにすることができるようになることが、その後の援助計画の指針としてあげられるでしょう。

行動アプローチを使うカウンセラーの場合には、もっと具体的な行動を取り上げ、それを解決するためにどういう技法を使うかが明確にされます。たとえば、「エレベーターで高いビルの三階以上には上がれない」といった特定の対象なり、場面に対する強い具体的な不安感を解消するために次のような方法を使います。「身体をリラックスさせ」「イメージのなかで、ほんの少しだけ不安を感じる場面を想い浮かべ」「少しずつイメージのなかで不安を解消する」系統的脱感作法という技法です。これによって、まずイメージのなかで不安を解消できるようになったら、次はクライエントがほとんど不安を感じない程度の範囲で、少しずつ高いところに昇る練習をするという、現実脱感作法を併用する援助計画を立てるかもしれません。こした方法を使う場合には、クライエントが「自分がどんなことを、どの程度やり、どのくらいの不安を感じたか」をメモにして、カウンセラーのところへ持ってきてもらうことが必要です。面接のときに、クライエントが話すことは大切ですが、日常生活のなかで、クライエントがどんなことを試み、どんな結果が起こったかを、記録にとどめておいてもらうことによって、より正確な情報が得られると思います。

カウンセラーがどんな立場をとり、その考え方に従って、どのようにクライエントの相談にのって援助していくかを考え、それを実行し、その結果にもとづいて援助計画を続けるか、それとも変更するかを考えることが必要になるわけです。最初にカウンセラーが考え、予想したようにはなかなかカウンセリングが進まないこともあるでしょう。しかし、そうしたときに、はじめの段階でカウンセラーがクライエントのどこを見て、どのような判断を下し、どのような援助計画を立てたかにもどり、それを修正し、改めていくわけです。もちろん、こうした過程のなかで、クライエントとカウンセラーの援助関係がどのようになっているかを、再吟味する必要があるでしょう。カウンリングの過程はこうしたことの連続であり、積み重ねだと思います。

E　逐語記録

面接中にクライエントが何を話し、カウンセラーがどう応答したかは、はじめのうちはなかなか憶えられません。そのため、カウンセリングを始めた頃には、クライエントの許可をとって面接を録音させてもらい、それを聞きながら、クライエントとカウンセラーのやりとりを、全部書き出してみるのが「逐語記録」です。これは非常に時間と労力が必要な作業ですから、毎回の面接ではできませんが、カウンセリングの訓練のためには、一回か二回はぜひやっていただきたいものです。

クライエントの許可をとるためには、「○○さん、ここでの面接の内容は誰にももらすことはありません。私たちカウンセラーは〈面接内容の秘密を守る〉という責任があるからです。同時に、私たちカウンセラーは、絶えず自分の面接の内容を吟味し、反省し、より良いカウンセリングをするように努力しています。その一つが、私がこうしてやらせていただいている面接を録音して、自分で聞いて、足らなかったところを反省することです。ですから、もし○○さんが今日の面接の録音を取ることを許してくだされば有り難いのですが、いかがでしょうか。これは私自身がより良いカウンセリングをさせていただくための反省に使うのが目的です」といった言葉で、丁寧にクライエントにお願いすれば、たいていのクライエントは同意してくれます。

【逐語記録の例】

Co.1「初めまして。ここのカウンセラーの××です。どんなことでおいでになられたのか、お話いただけませんでしょうか」

Cl.1「はい、私は前からいろんな人たちと一緒に話をしたり、何かをやろうとするととても緊張してしまうのです。それで今日は思い切って相談にきたのです」

Co.2「そうなんですか。それはお困りでしょうね。それでは、これから五十分間ですから、三時五十分まで○○さんのお話をうかがいたいと思います。○○さんは、ほかの人と話したり、一緒に何かをしようしたりすると緊張なさると言ってらっしゃいましたが、そのことについてもう少し詳しくお話しいただけませんか」

Cl.2「ハイ、家族以外の人に会うととても緊張するんです。子どもの小学校のＰＴＡの会合に行くと、どうしても皆さんと話をしたり、お仕事会でいろんなことをしなくてはならないじゃないですか。それが重荷なんですよ……（ふん、ふん）。対人恐怖症というほどではないんですけども……（はー）。それに私はほかのお母さんよりも年上だから、なんとなく世代が違うというか……（ふーん）。今のお母さんは茶髪にして、なんだか私とは違う感じなんですよ」

Co.3「そうですか」

Cl.3「ええ、それに私は子どもの頃から、自分に自信がないっていうか……」（三十秒沈黙）

Co.4「どういうことでしょうか」

Cl.4「ええ、子どもの頃から、学校へ行くのが辛かったんですよ（ふん、ふん）。朝になると、布団のなかでしくしく泣いていました」

Co.5「そうですか」

Cl.5「毎朝、母が〈時間ですよ、起きなさい〉と言って起こしに来てくれるのですよ。それが嫌なんですが、でもすぐに起きたら損なような気もしていました」

Co.6「とおっしゃいますと」

Cl.6「私が起きると、母はいつものように、私だけではなく兄や姉の世話をするじゃないですか（ふん）。私が布団のなかにいつまでもぐずぐずしていると、〈起きなさい、起きなさい〉と言いに来てくれるんですよ。それが自分だけ特別扱いにしてもらっているような気がして……だからいつまでも布団に入っていようといった気になったり（そう）。そのうちに、本当に学校へ行くのが嫌になってきたりして……」

こうした具合に録音された面接のテープを聞きながら、すべてを「そのまま」書いていくわけです。よく講演なんかの「テープを起こす」といわれますが、それを面接についておこなうわけです。

F　要約的な記録の例

つぎに要約記録の具体的な例を示しましょう。

a　来院までの経緯

結婚を目前にして、突然性的不能になって、ある総合病院の神経科外来を訪れた二十九歳の公務員がカウンセラーのところへ紹介されてきました。クライエントは来院の二か月ぐらい前に、後頭部になにか突っ張るような感じがあり、ほかの病院の整形外科で受診をしました。そこで、「脳腫」の疑いがあるので「一部を試験的に切除して検査をしましょう」と言われていて、「癌」ではないだろうかと不安になり、眠れなくなったということです。

また、「耳鳴り」も起こり、耳鼻科と眼科の診察を受けましたが、異常は認められませんでした。しかし、心配でたまらず、薬局で精神安定剤を買って服用すると一時的に楽になったような気がしました。勤めから家に帰ってもできるだけ休養をとるように心がけて、時間があれば「眠れなくても」横になるように心がけてきたので、身体的には楽になってきました。しかし母親は、「いい若い者が仕事から帰ってくると、すぐに横になっている。役所もすぐに休む。そのくせ、ご飯は人一倍食べる」と、相当腹を立てているとのことでした。

来院の二週間ぐらい前の日曜日に、養命酒を飲んで入浴し、性器を摩擦しても勃起しないことに気がつきました。そのときには、「お酒のせいだろう」とたいして気にもしませんでした。このクライエントは「お酒に弱く、ビールの小瓶一本でも、すぐふらふらする」とのことでした。数日後、しらふで入浴し、やはり勃起しないことを発見し、非常に驚き、かつ不安に襲われました。一か月後に迫った結婚式のことを考えると、「人生が真っ暗になり、気も転倒せんばかり」でした。顔色が変わり、胸がむかむかするような感じで、すぐに床につき、近所の開業医に往診してもらいました。しかし、一時間後に医師が来たときには、ある程度落ち着きを取りもどしていたのか、医師は「どこも悪いところはないから、おそらく一時的な貧血だろう」と注射をして帰りました。この間、医師にも母親にも「勃起しないことが気になっている」という話はしませんでした。数日して、同じ病院の内科と泌尿器科で診察を受けましたが、身体的な異常は認められなかったので、神経科に紹介されたのでした。

b　家族とクライエントの生活歴

なお、ここにあげた情報は、医師とカウンセラーによる受理面接、アンケートのような質問紙、およびその後の面接で得たものをまとめたもので、一回の面接ですべて集めたものではありません。

父（五十三歳）は、その年の初めに結核で死亡しましたが、生前は友人と共同で米屋を営んでいました。生真面目で気が小さく、家庭内では無口で、クライエントは父親のそうした性格が嫌で、自分の容貌や性格が父親に似ていることを嫌がってきました。また、クライエントは父親には何を話しても相談にのってもらえないと思っていました。父親は仕事を転々と変え、そのためクライエントの高校時代まで、生活はかなり苦しかったとのことです。

母（五十歳）は、健康、クライエントの父親（つまり夫）のことをいつも子どもの前で非難していました。父親は無口で、母親はそれが気に入らず、一度父親を攻撃し始めるとなかなか止めなかったようです。性格的には父と対称的で、社交的でした。

クライエントは性格的には父親に似ていますが、母親のほうが好きで親しみを感じています。小さいときから何でもさせてくれ、甘えさせてくれる母親だったそうです。母親は教育熱心でクライエントや妹の勉強をみたり、塾に通わせたりしてくれました。

妹（二十七歳）は、気が強く、母親はクライエントと妹の性格が入れ替わっていればよかったと口癖のように言っていました。小学校の頃の成績はあまり良くなかったのですが、中学校に入った頃から次第に良くなり、中学三年のときは優等生、高校でも成績は上位でした。しかし、母親との関係は悪く、絶えず意見の衝突があり、六年前に結婚したときも母子間で摩擦があり、結婚後はほとんど実家に帰ってきていません。

クライエント（二十九歳）の外見は、やや大柄、丸顔、色白で、肥っています。ぼそぼそと話す感じですが、はっきりと自分の考えや感じたことを話します。自分の幼いときのことを母親に聞いて話してくれました。

最初の子どもが男の子で両親は非常に喜んだそうです。都会で生まれ、出生時は四千グラムもある大きな赤ちゃんでした。四か月で肺炎にかかり、言葉の発達や歩き始めは一般の幼児よりも遅かったと聞いているとのことでした。小学校の三年生頃までは胃腸が弱く、また皮膚病にもよくかかったということです。

出産後、母親の健康状態が悪く、人口栄養で時間を決めて与えられ、離乳は遅くて三歳ぐらいまで哺乳瓶からお乳を吸っていました。食事については好き嫌いが多くて母親が困ったとのことです。大小便が言えるようになったのは遅く、一年数か月遅れて生まれてきた妹と同じぐらいだったそうです。また、夜尿も小学校へ入学する頃まで続いたそうです。

母親に非常に甘え、なつき、同時に臆病で、母親と一緒に田舎へ行って牛を見て泣き出して、母親を困らせたそうです。幼稚園に行くようになってから、初めて外で遊ぶことができるようになりましたが、友だちと遊ぶというよりも、一人で道路の上に絵を描いていたそうです。

小学校の成績は良く、六年間に三回も転校しましたが、ずっと優等生でした。しかし、気が弱く、クラス委員にはなれませんでした。五年生頃から身体も大きく、そして丈夫になり、将来は技術者になろうと思っていたそうです。

中学校時代も成績が良く、委員にも選ばれましたが、中学二年生の頃から「社会主義的」なものに興味を抱くようになり、担任の先生から母親が注意され、その後、母親はクライエントが読書をしているのを止めさせようとしたそうです。その頃から、家庭の経済状態が悪化し、しかも火事で家が焼け、田舎で間借り生活をするようになりました。両親が高校への進学をあきらめさせようとしましたが、叔父の口ぞえで高校まではやってもらえるようになったとのことです。

やっと高校へ進学して、勉強をしようとした矢先に、盲腸炎で入院し手術したため三週間欠席しました。高校最初の試験のために、病院や家で一生懸命に勉強して良い点数をもらったのに、欠席日数が多いという理由で悪い成績をつけられ、強い不満を感じたそうです。その結果なげやりになり、一年生の終わりから二年生にかけて生徒会の活動を熱心にやり、成績がいっそう悪くなりました。大学へ進学したい気持ちがありましたが、家庭の経済状況から断念して、大企業の試験を受けましたが、「二年生の成績が悪い」という理由で失敗、現在の公務員の仕事につきました。

高校時代に「非常に性欲が強く」、どうにも抑制できずに自慰を毎晩のようにおこなっていたとのことです。異性にも関心を持ちましたが、実際に交際することは恥ずかしくてできず、上級生で「好きな女子生徒」から手紙をもらったのに、話すことができなかったそうです。

就職後、会計課の仕事をしてきましたが、勤務は熱心で表彰されたそうです。しかし、組合の執行委員になったときに、上層部の指令よりも課の組合員の意見を尊重したために執行部のなかで問題になり、両者の板ばさみになって苦しんだそうです。

数年前に職場で好きな女性ができましたが、母親に打ち明けることができず、母親に内緒でつきあっていました。自分では結婚したいという気持ちがあったのですが、恋愛結婚だと妻と母親の間がうまくいかないだろうと思って、交際をやめたそうです。

現在交際中の女性は、母親の知人の紹介で母親が薦めた人なので、自分としては母親が薦める女性ならば、結婚後も母親とうまくやれると思って結婚に同意したそうです。ただし、自分自身もその女性が気に入って、目下「恋愛中」という感じだと話しました。

C　面接記録

【第1回面接】

神経科の医師に精神安定剤をもらってからイライラが少なくなってきた。二十歳頃は不満がいっぱいあったが、今はまあ不満なくやっている。最近は十時間ぐらい寝るようになったが、熟睡ができないと訴える。

父親がクライエントを大学にやれなかったことに、また父親の態度や性格に強い不満と敵意を示すと同時に、父親がずいぶん苦労をしていたことを考えて、生前父親を恨んで、反発していたことをすまなかったと思うと語った。

見合い結婚をすることにしたのは、「妻」と母親の間がうまくいくと思ったからだが、今では母親と三人の生活が円満にやっていけるか心配になってきた。とくに自分が妻の立場になって考えたり選んだりすると、母親がどんな態度にでるか心配になってきた。一度そのことで母親と口論した。母親は「嫁にもらってやる」という態度だが、自分は結婚する場合、妻と夫は平等であると思う。自分たちの場合には「共働き」であるから、いろいろなことが心配である。自分の給料が安いために妻に働いてもらわなくてはならない。そうすると、妻を労働力としてもらい受けているような気がする。かといって、共働きは避けられない現実だと思う。子どもが生まれてきたら、どうなるのか心配である。

婚約者は気が大きくて朗らかで、「子どもができたらそのときに考えたらいいじゃない」と言うが、自分はとても心配である。昨年十一月に婚約、彼女は商社に勤めていて忙しく、月に二回ぐらい打ち合わせや準備のときに会うだけである。

結婚すれば結局、母親が家計をきりもりするようになると思う。自分の収入を全部母親に渡し、妻の分は半分も出してもらえたら上々だと思う。

春先に耳鳴りや瞼《まぶた》がけいれんするので、どこか身体が悪いのではないかと思った。しかし、医師から身体的に問題はないと言われた。どうも納得がいかないが、同時に身体に異常がないので安心もした。

勃起が一週間ほど前からない。性生活について心配である。相手を不幸におとしいれることになるという不安でいっぱいである。自分は暗示にかかりやすいタイプだから「精力増進剤」でも飲んだらと思う。二、三年前まで、風俗嬢のところへよく行ったが、何の異常もなかった。結婚して性生活がうまくいかなかったらどうしよう、何と妻に説明しよう。病院へ行って説明をきくようにとは言えないと、せっぱ詰まった感じで訴えた。

▼受理面接である程度性的な問題について聞いているので、カウンセラーはクライエントが積極的に語ろうとしなかった「性的」な問題よりも、生活歴について尋ねた。面接において患者は父親への両価性（アンビバレンツ）な気持ちを話すとともに、母親に対しては非常に肯定的な気

持ちを持っていることを示めしていた。しかし，最近になって，結婚生活の具体的な面についての話し合いでは，母親との葛藤が生まれつつあるような印象を受けた。

カウンセラーはきわめて直感的に，クライエントの性交についての予期不安ないし期待不安のほかに「母親との非常に強い結びつき」と「それをゆるめることへの罪の意識」「自慰やほかの女性との性的交渉への罪悪感」「結婚と妊娠への漠然とした不安」といったものが，クライエントの心のどこかにあるかもしれないと考えたが，それは全く取り上げなかった。面接はきわめて支持的に，比較的クライエントのペースで話してもらった。クライエントが「性的不能」といったことへの不安を強く感じているのは当然であろう。それと同時に，保守的な農村地域で育っているが，夫と妻の平等な結婚生活を営みたいといった，新しい結婚観とこれまで強い結びつきを持ってきた母親との関係との間の板挟みを感じているように見受けられた。クライエントは「自分の問題は心理的なものよりも，身体的な異常である」といった考えを持っているか，あるいは持ちたいといった印象を受けた。

【第三回面接】

結婚式を数日後に控えて，非常に不安であることを訴える。一昨日まで勃起が相当長く，また強く続いたので期待していたが，昨日からはみられない。自分は性的不能者ではないかと思う。なんだか「なげやり」になってきたと訴える。

母親と結婚について口論した。母親は婚約者や彼女の両親に、何も荷物なんかいらないと言いながら、クライエントに対しては婚約者の荷物が少ないとかいろいろ文句が多い。自分は荷物をもらうのではなく、相手の人間と結婚するのだと言っても、母親はゆずらなかった。義弟が映画のチケットをくれたので、婚約者とこれから見に行くが、そうした二人の外出についても母親は無駄遣いだとか、食事は家に帰って食べればよいと言って、若い者の気持ちをわかろうとしない。母親と口論するといっても、口論するのは母親のほうで、自分はなにも言えない。ただ無言の抵抗を示すだけである。母親は古い。自分は若いとつくづく思う。昔は父親が嫌いで、母親のほうがずっと身近に感じていた。しかし、今では母親が非常に重荷に感じる。父親が死んでから、母親は「ヒステリック」になってきた。

妹は子どもの頃から母親にたてついていた。今でも、たまに帰ってくると、母親と派手に口論をする。自分はずっと母親に「つかえて」きた。自分は母親に言いたいことも言わずに我慢してきた。それなのに、母親は自分の気持ちを理解してくれない。一人になると情けなくて、男泣きをすることもある。母親と別れて一人であったらと思うことすらある。父親さえいてくれたらと、父親の仏壇の前で思った。

面接の最期に不安を語り、何か薬をもらえないかという要求があった。精神科医と話し合ったが、クライエントの問題はあくまで心理的な諸問題の反映であり、時間をかければ治ると説明することにした。

▼この面接でクライエントの母親に対する依存と独立の葛藤のようなものが一度に出てきた。クライエントは母親との強い結びつきが自分をしばりつけていることに気づき始めていた。したがって、結婚式を前に不安を感じながらも、面接の大部分を母親との葛藤について語ることに費やしている。カウンセラーは主に支持的な傾聴に徹した。投薬についての求めを断ることは、クライエントの不安を一時的に高めることになったが、精神科医とは「長い目でみればクライエントの力で自分の問題を解決できる」という考えで一致した。

【第四回面接】

新婚旅行後、初めての面接。やや晴れやかな顔で来院する。新婚旅行の初め二日間は勃起がなく性交ができなかった。二日目に売薬を服用したが、全然効果がなかった。

妻はクライエントが自分を嫌がっているのではないかと泣き出してしまった。さらに別の薬を服用したが効果がなく、とうとう妻に事情を全部話したところ、「病院の先生に相談したらいい」と励まされ、とても気持ちが楽になったということであった。そして「どうにでもなれ」といった「あきらめ」の気持ちになって寝てしまった。目を醒ますと勃起があり、性交ができたが、射精はおこなわれなかった。しかし、その後、旅行中に二回「だけ」射精ができたので、「少し」安心できるようになった。カウンセラーは自分の喜びを率直に表わし、また、このことからも患者の問題が身体的なものではなくて、むしろ心理的なものであることがわかるということを強調した。しかし、クライエントは自分の問題はあくまで身体的なものであり、カウンセリングのみで解決するとは思えないと訴えた。その一方、クライエントは「自分はすぐ薬を飲み、ちょっとしたことでも医師のところへ行く傾向がある」とも語った。また、職場を抜け出して通院することが心苦しいし、そうかといって、年二十日しかない休暇を通院のためにとられるのは「痛い」とも語った。

▼とにかく新婚旅行を終えて、二回であっても性交ができたことが、クライエントにある程度の安心感を与えたと考えられる。さらに、妻の温かい態度と理解が患者にとっては大きな励ましと支えになっていると考えられる。カウンセラーが心理的な要因を強調したことは、かえってクライエントの抵抗を招くような結果になった。しかし、患者も心理的な要因があることをうすうす感じているようにも見受けられる。妊娠や子どものことが出てきているが、重要なポイントかもしれない。

朝、勃起が起こったほか、射精がわずかの回数ではあったがみられたことは、非常にポジティブなサインであると考えられる。このことをクライエントに強調した。

この点で、カウンセラーはこれまでの面接でおこなってきた「傾聴」「支持的役割」よりも、やや積極的な役割をとった。しかし、カウンセラーの役割はクライエントの性的能力を増大することではなく、心理的な葛藤の解決にあることを十分感じながらも、そうした点についてはクライエントに告げることなく、面接を終了した。

【第五回面接】

体重も増え、身体の調子もいいのに射精がない。先週一回あっただけである。非常に不安である。どこか身体に欠陥があるのではないかと思う。勃起が弱く、とくに「射精しよう」と思ったとたんに「弱く」なる。

子どもについては、「欲しいような、欲しくないような」気持ちである。この頃は欲しいような気もする。コンドームは使いたくない。性感をそぐような気がする。しかし、妻がゼリーを使うのならばよい。

妻と母親の間が気になる。母親が妻の台所や洗濯仕事について、クライエントにいろいろと文句を言う。妻のことをかばうと、母親は「お前はもう尻の下にしかれているのか」と非難する。結婚前からこんなことになるのではないかと心配であったが、その通りになった。自分の問題は「後家のひとり息子」といったことなのだろうか。

母親は妻に里帰りしろと言うが、妻は別にしなくてもいいと言う。母親は非常に立腹して、世間体も悪いと言う。そのことで母親は口汚く妻のことをクライエントに罵った。クライエントは黙って我慢していた。母親は全くおかしいと思う。もちろん、母親の指摘することは、正しい点もあると思う。しかし、二十年間も他家で育った人に、すぐ嫁いだ家の習慣や家事の仕方に慣れろということは難しいと思う。ただ、それを自分が母親に言ってしまっては、家のなかは無茶苦茶になるし、逆に妻の立場をますます苦しいものとしてしまう。

▼性的な問題に対する不安の訴えと並行して、母親との葛藤が非常に大きな問題として出されてきた。しかし、この面接では患者の問題が心理的なものであることを強調するよりも、患者の母親に対する不満を傾聴した。患者の問題は、今まで強く結びついていた母親との絆《きずな》をゆるめ、母親以外の女性とより親密な関係を結ぶことに対する罪障感ないし不安感が関係しているようにも見受けられるし、それが母子間の具体的な衝突の原因の一部になっているように思われる。

【第十二回面接】

先週は一番調子がよかった。前回の面接で母親とのイザコザを話したが、自分ではどんな理由にしろ悪かったと思う。あのときは母親に対して非常に腹が立ったが、後で反省した。あの晩、母親に謝った。母親は「自分にも悪い点があった」と言ってくれた。自分は母親がそんなことを言うとは、夢にも思っていなかった。その晩の性交が一番うまくいったと思う。自分でも満足が得られた。それと同時に、「何が自分の本当の問題であるか」がわかったような気がする。いままで押さえつけていたものを発散させ、謝るべき点は謝ったので、すっきりした。性生活のほうはきわめて順調にいっている。前にも一度良くてまた悪くなったので多少心配だが、今度は大丈夫だと思う。

先週は結婚後初めて三人が楽しく生活できた。母親も明るくなったと思う。自分は今まで、あまりにも消極的だった。それは良くないことだったと思うようになった。自分の気持ちを正直に話して表現することは大切なことだと思う。

▼クライエントは母親に対する感情の爆発の後で経験した心理的および性的な解放感を味わっているようで、そのことが最後に語った一種の洞察にもつながっているようである。カウンセラーはクライエントの独立と依存、母親との結びつきをゆるめることへの不安と罪障感などを説明するとともに、クライエントの洞察を支持した。もちろん、この一週間の経験でクライエントの状態のすべてが解決できたとは思われない。母親とクライエントの衝突は、むしろ以前よりも表面化して「はなばなしく」なっていくことが想像される。しかし、クライエントはそれをやるだけの強さを身につけてきたのではないかと思われる。

このクライエントは次の週の面接をキャンセルした。そして第十三回の面接で、「性的な問題は一応解決した」ので、カウンセリングを終了することにした。なお、クライエントは「すぐに精神安定剤の服用を止めることは不安である」と語った。そこで、精神科医と相談の結果、投薬と月一回の精神科医による診察を続けることになった。

この事例にはかなり詳細な生活歴が紹介されていますが、それは精神科医の診察、カウンセラーの受理面接、それに加えてアンケート式の用紙に家で書いてきてもらった情報も入っています。カウンセラーは結婚前にこのクライエントがインポテンツの問題を婚約者と話し合い、二人でカウンセラーのところへ相談に来るというかたちのカウンセリングには抵抗を示していることを知っていました。そのために、インポテンツ自体を主たる援助目標としないで、クライエントが母親から心理的に独立することを援助計画の中心に取り上げながら、インポテンツの問題に耳を傾けました。こうしたアプローチで性的な問題が解決できない場合には、結婚後に妻と二人でセックス・セラピーをおこなうことも考えていましたが、そこへいく前に面接を終了しました。

なお、この面接は約三十年前におこなわれたもので、現在とは時代的背景がかなり異なる点をお断りしておきます。

＊　＊　＊

この本ではカウンセリング技法の背後にあるパーソナリティの理論は直接紹介はしていませんが、精神分析と来談者中心療法を基本にしています。しかしカウンセリングには、パブロフの犬の実験で有名なリスポンデント条件づけ、スキナーのネズミの実験で有名なオペラント条件づけ、バンデューラの模倣学習といった理論をもとにした行動アプローチもあります。そうした方法は能動的ともいうべき技法だと思います。しかし、この本のスペースではそうした援助方法についてご説明することはあえて避けました。そうしたアプローチを改めてご紹介する機会があることを心から願っています。

文献

第1章

アレン・E・アイビイ『マイクロカウンセリング』福原真知子ほか訳、川島書店、一九八五年。

河合隼雄『カウンセリングの実際問題』誠信書房、一九七〇年。

河合隼雄『カウンセリングと人間性』創元社、一九七五年。

河合隼雄『カウンセリングを語る』上・下、創元社、一九八五年。

河合隼雄『臨床教育学入門』岩波書店、一九九五年。

國分康孝『カウンセリングの理論』誠信書房、一九八〇年。

武田　建『カウンセラー入門』誠信書房、一九八四年。

武田　建『カウンセリングの進め方』誠信書房、一九九二年。

F・P・バイステック『ケースワークの原則　新訳版』尾崎　新・福田俊子・原田和幸訳、誠信書房、一九九六年。

第2章

アレン・E・アイビイ『マイクロカウンセリング』福原真知子ほか訳、川島書店、一九八五年。

河合隼雄『カウンセリングの実際問題』誠信書房、一九七〇年。

河合隼雄『カウンセリングと人間性』創元社、一九七五年。

河合隼雄『カウンセリングを語る』上・下、創元社、一九八五年。

河合隼雄『心理療法序説』岩波書店、一九九二年。

佐治守夫・飯長喜一郎編『クライエント中心療法』有斐閣、一九八三年。

佐治守夫・岡村達也・保坂　亨『カウンセリングを学ぶ』東京大学出版会、一九九六年。

R・ネルソン・ジョーンズ『思いやりの人間関係スキル』相川　充訳、誠信書房、一九九三年。

Stefflre, Buford. *Theories of Counseling*. McGraw-Hill. 1965.

武田　建『カウンセラー入門』誠信書房、一九八四年。

F・P・バイステック『ケースワークの原則　新訳版』尾崎　新・福田俊子・原田和幸訳、誠信書房、一九九六年。

東山紘久『プロカウンセラーの聞く技術』創元社、二〇〇〇年。

L・ブラマー『人間援助の心理学』サイマル出版、対馬　忠・対馬ユキ子訳、一九七八年。

L・ブラマー、E・ショストロム『治療心理学』対馬　忠・岨中　達訳、誠信書房、一九六九年。

アルフレッド・ベンジャミン『援助する面接』林　義子・上杉　明訳、春秋社、一九九〇年。

E・S・ボーディン『心理学的カウンセリング』森野礼一・斉藤久美子訳、岩崎学術出版社、一九六九年。

カール・R・ロジャーズ『ロジャーズ全集』岩崎学術出版社、一九六六-八年。

F・P・ロビンソン『カウンセリングの原理と方法』伊東　博訳、誠信書房、一九五〇年。

第3章

アレン・E・アイビイ『マイクロカウンセリング』福原真知子ほか訳、川島書店、一九八五年。

M・セリグマン『オプティミストはなぜ成功するか』山村宜子訳、講談社、一九九四年。

武田　建『心を育てる』誠信書房、一九八五年。

武田　建『カウンセリングの進め方』誠信書房、一九九二年。

シャーロット・トール『公的扶助　ケースワークの理論と実際——人間に共通な欲求』村越芳男訳、全国社会福祉協議会、一九六三年。

ジェラルド・R・パターソン『家族変容の技法をまなぶ』大渕憲一訳、川島書店、一九八七年。

アルフレッド・ベンジャミン『援助する面接』林　義子・上杉　明訳、春秋社、一九九〇年。

第4章

アレン・E・アイビイ『マイクロカウンセリング』福原真知子ほか訳、川島書店、一九八五年。

河合隼雄『カウンセリングの実際問題』誠信書房、一九七〇年。

河合隼雄『カウンセリングと人間性』誠信書房、一九七五年。

河合隼雄『心理療法論考』新曜社、一九八六年。

國分康孝『カウンセリングの技法』誠信書房、一九七九年。

國分康孝『カウンセリングの理論』誠信書房、一九八〇年。

トーマス・ゴードン『親業』近藤千恵訳、サイマル出版、一九七七年。

佐治守夫・飯長貴一郎編『来談者中心療法』有斐閣、一九八三年。

R・ネルソン・ジョーンズ『思いやりの人間関係スキル』相川　充訳、誠信書房、一九九三年。

鑪幹八郎監修『精神分析的心理療法の手引き』誠信書房、一九九八年。

鑪幹八郎・名島潤慈編著『心理臨床家の手引』誠信書房、一九八三年。

武田　建『カウンセリング理論と方法』理想社、一九六七年。

武田　建『カウンセラー入門』誠信書房、一九八四年。

武田　建『カウンセリングの進め方』誠信書房、一九九二年。

ドナルド・F・トウイディ『フランクルの心理学』武田　建訳、みくに書店、一九六五年。

F・P・バイステック『ケースワークの原則　新訳版』尾崎　新・福田俊子・原田和幸訳、誠信書房、一九九六年。

東山紘久『プロカウンセラーの聞く技術』創元社、二〇〇〇年。

ヴィクトル・フランクル『神経症II』(フランクル・セレクション5) 霜山徳爾訳、みすず書房、二〇〇二年。

L・M・ブラマー『人間援助の心理学』対馬 忠・対馬ユキ子訳、サイマル出版、一九七八年。

L・M・ブラマー、E・ショストロム『治療心理学』対馬 忠・岨中 達訳、誠信書房、一九六九年。

アルフレッド・ベンジャミン『援助する面接』林 義子・上杉 明訳、春秋社、一九九〇年。

第5章

アレン・E・アイビイ『マイクロカウンセリング』福原真知子ほか訳、川島書店、一九八五年。

河合隼雄『カウンセリングを語る』上・下、創元社、一九八五年。

國分康孝『カウンセリングの技法』誠信書房、一九七九年。

國分康孝『カウンセリングの理論』誠信書房、一九八〇年。

トーマス・ゴードン『親業』近藤千恵訳、サイマル出版、一九七七年。

Cormier, William H. & Cormier, L. Sherilyn *Interviewing Strategies for Helpers*. Brooks/Cole. 1985.

斉藤美津子『話しことばの科学』サイマル出版、一九七一年。

佐治守夫・飯長喜一郎編『来談者中心療法』有斐閣、一九八三年。

R・ネルソン・ジョーンズ『思いやりの人間関係スキル』相川 充訳、誠信書房、一九九三年。

ポール・E・ジョンソン『キリスト教とカウンセリング』武田 建訳、YMCA同盟出版部、一九六五年。

鑪幹八郎監修『精神分析的心理療法の手引き』誠信書房、一九九八年。

武田 建『カウンセリングの理論と方法』理想社、一九六七年。

武田 建『カウンセラー入門』誠信書房、一九八四年。

武田 建『カウンセリングの進め方』誠信書房、一九九二年。

C・R・ロジャース『来談者中心療法――その発展と現状』畠瀬 稔・阿部八郎編訳、岩崎学術出版社、一九六四年。

第6章

井上忠司『まなざしの人間関係』講談社、一九八二年。

P・エイクマン、W・V・フリーセン『表情分析入門』工藤　力訳編、誠信書房、一九八七年。

ファスト・ジュリアス『ボディー・ランゲージ』石川弘義訳、読売新聞社、一九七一年。

トーマス・ゴードン『親業』近藤千恵訳、サイマル出版、一九七七年。

多田道太郎『しぐさの日本文化』筑摩書房、一九七二年。

中野道雄・J・カーカップ『ボディ・ランゲージ事典』大修館書店、一九八五年。

服部祥子『人を育む人間関係論』医学書院、二〇〇三年。

春木　豊編著『心理臨床のノンバーバル・コミュニケーション』川島書店、一九八七年。

エンゲル・ラフラー『ノンバーバル・コミュニケーション』本名信行・井出祥子・谷林真理子訳、大修館書店、一九八一年。

第7章

アレン・E・アイビイ『マイクロカウンセリング』福原真知子ほか訳、川島書店、一九八五年。

河合隼雄『カウンセリングの実際問題』誠信書房、一九七〇年。

河合隼雄『心理療法論考』新曜社、一九八六年。

國分康孝『カウンセリングの技法』誠信書房、一九七九年。

佐治守夫・飯長喜一郎編『来談者中心療法』有斐閣、一九八三年。

R・ネルソン・ジョーンズ『思いやりの人間関係スキル』相川　充訳、誠信書房、一九九三年。

鑪幹八郎監修『精神分析的心理療法の手引き』誠信書房、一九九八年。

武田　建『カウンセリングの理論と方法』理想社、一九六七年。
武田　建『カウンセリングの進め方』誠信書房、一九九二年。
Cormier, William H. & Cormier L. Sherilyn. *Interviewing Strategies for Helpers*. Brooks/Cole. 1985.

第8章

國分康孝『カウンセリング・リサーチ入門』誠信書房、一九九三年。
佐治守夫・岡村達也・保坂　亨『カウンセリングを学ぶ』東京大学出版会、一九九六年。
対人援助実践研究会編『七七のワークを学ぶ対人援助ワークブック』久美株式会社、二〇〇二年。
武田　建「インポテンツの症例」飯田真也編『精神の科学』五巻九章、岩波書店、一九八三年。
武田　建『カウンセリングの理論と方法』理想社、一九六七年。
武田　建『カウンセリングの進め方』誠信書房、一九九二年。

あとがき

「誰かの相談にのる」とか「援助するための面接」というとなんだかとても堅苦しくなります。でも、今ではカウンセリングというと大ていの方々にご理解いただけるようになってきました。もちろん、カウンセリングのなかには、心理療法とほとんど同じようなレベルでおこなわれる治療的な領域がありますし、それをするためには非常に高度な教育と訓練を必要とします。

しかし、この本は、カウンセリングという名称は使っていますが、読者の対象を、臨床心理士やケースワーカーといった専門家だけではなく、病院で働く看護師さん、リハビリテーションのお仕事をするOTやPTをはじめとするさまざまなコ・メディカルのスタッフの方、介護にたずさわるケア・マネージャーやケア・ワーカーの方、子どもや学生生徒に接する保育所、幼稚園、学校の先生、「命の電話」といった電話での相談をおこなっておられる方、大学で臨床心理学や社会福祉学を勉強なさっている方、「カウンセリングとは何だろう？」とちょっと関心をお持ちになっておられる方やこれから勉強をしてみようと思っておられる方、企業やスポーツの世界で最近注目されてきている「コーチング」に関心をお持ちになり、部下や選手の話に「耳を傾けよう」と心がけている方などを頭にえがきながら書いたものです。

書き始めたのは、前任校の関西学院大学で理事長を拝命する頃でした。夏のしばらくの休みを使って少しずつ書きはじめていましたが、阪神淡路大震災でキャンパスの再建だけではなく、阪神間の私立大学の代表として文部省へ行って折衝をおこなったり、生まれて初めて議員会館に陳情に行ったり、各政党の本部をまわったり、最後は当時の文部大臣に直接お願いするといった生活が続きました。その後も自分の大学の仕事のほかに、私立大学連盟関係のさまざまな仕事や文部省の大学審議会をはじめ実に多くの役が舞い込んできて、とても執筆を続けることができるような状態ではありませんでした。

一昨年、十年間の理事長生活にピリオドをうち、関西福祉科学大学に移りました。そこでは、心理臨床専攻と臨床福祉専攻の大学院の学生諸君と毎日カウンセリングやケースワーク、それにパーソナリティ論を勉強したり講義したりする生活ができるようになり、教員らしい生活を送れる幸せをしみじみ嚙みしめています。新しい場で、初めて出会う学生諸君との交わりのなかから、カウンセリングの進め方を誰にでもわかっていただけるような本を書いてみようと思い、また励まされて書きはじめたのがこの本です。

私は、「はじめに」でも書きましたように、精神分析的心理療法、来談者中心療法、そして行動療法の訓練をわが国と北米で受けてきました。しかし、この本では来談者中心療法を真ん中に据え、その周辺でほんの少しだけ精神分析的なアプローチと行動療法を紹介するだけにとどめました。少々心残りもありますが、この本のねらいからすればそれでよかったと思っています。

　カウンセリングには援助技法の裏付けとなるパーソナリティの理論がなくてはなりません。それと同時に、クライエントとその人が持っている難しい状況を理解するために精神病理学や社会病理学をはじめとする多くの情況を理解する知識が必要です。また、この本では紹介できなかったさまざまな立場や技法もあります。いつの日にか、そうした問題を取りあげて書いてみたいものだと願っています。

　この本の出版にあたって誠信書房編集部の松山由理子さんには内容の点検をはじめ、さまざまな建設的なご意見を賜りました。また、関西福祉科学大学大学院の九十九綾子さん、中本浩平さん、藤島恵さんには本の構成の点検や文章のチェックをしていただきました。この機会に心からお礼を申し上げます。こうした多くの方々のお助けがあってこそ、私の原稿がはじめて本という形になれたと感謝しています。

二〇〇四年六月一八日

武　田　　建

著者紹介

武 田　建（たけだ　けん）

1932年　東京都に生まれる
1956年　関西学院大学大学院教育心理学専攻卒業
1958年　トロント大学大学院社会福祉学専攻卒業
1962年　ミシガン州立大学大学院カウンセリング心理学専攻終了（Ph. D.）
1962年以降
　　関西学院大学社会学部専任講師，助教授，教授，学部長，学長，理事長
現　在　関西福祉科学大学名誉教授
専　攻　臨床心理学・社会福祉学
著　書　『カウンセリングの理論と方法』理想社　1967，『人格発達論』ナカニシヤ出版　1972，『グループワークとカウンセリング』日本YMCA同盟出版部　1973，『親と子の臨床心理』創元社　1975，『新しいグループワーク』日本YMCA同盟出版部　1980，『しつけ上手の心理学』大和書房　1980，『親と子の行動ケースワーク』ミネルヴァ書房　1980，『リーダーシップの条件』大和書房　1981，『コーチングの心理学』日本YMCA同盟出版部　1982，『保育カウンセリング』創元社　1983，『リーダーシップを身につける』日本生産性本部　1983，『カウンセラー入門』誠信書房　1984，『コーチング』誠信書房　1985，『心を育てる』誠信書房　1985，『カウンセリングの進め方』誠信書房　1992，『最新コーチング読本』ベースボールマガジン社　1997

人間関係を良くするカウンセリング
——心理・福祉・教育・看護・保育のために

2004年9月5日　第1刷発行
2021年3月10日　第5刷発行

著　者　武 田　建
発行者　柴 田 敏 樹
印刷・製本　デジタルパブリッシングサービス

発行所　株式会社　誠 信 書 房
〒112-0012 東京都文京区大塚3-20-6
電話　03 (3946) 5666
http://www.seishinshobo.co.jp/

落丁・乱丁本はお取り替えいたします
検印省略

ISBN4-414-40359-6 C1011